Klett-Cotta *Leben!*

Friederike Potreck-Rose

Von der Freude,
den Selbstwert zu stärken

Klett-Cotta

Klett-Cotta
www. klett-cotta.de
© J. G. Cotta'sche Buchhandlung Nachfolger GmbH, gegr. 1659,
Stuttgart 2006
Alle Rechte vorbehalten
Fotomechanische Wiedergabe nur mit Genehmigung des
Verlages
Printed in Germany
Umschlag: Roland Sazinger, Stuttgart
Titelbild: © George B. Diebold/CORBIS
Auf säure- und holzfreiem Werkdruckpapier gedruckt
und gebunden von Kösel, Krugzell
ISBN 978-3-608-86004-7

Vierte Auflage, 2008

Bibliographische Information Der Deutschen Nationalbibliothek
Die Deutsche Nationalbibliothek verzeichnet diese Publikation in
der Deutschen Nationalbibliographie; detaillierte bibliographische
Daten sind im Internet über http://dnb.d-nb.de abrufbar.

Inhalt

Meinen Eltern

1 Worum es in diesem Buch geht

Was immer du tun kannst oder träumst es zu können,
fang damit an!
Mut hat Genie, Kraft und Zauber in sich.

Johann Wolfgang von Goethe

»Es ist seltsam mit diesem Buch. Irgendwie hat es so viel mit unserem Alltag zu tun, mit dem alltäglichen Leben, dieses Thema des An-sich-Glaubens, des Wohlwollend-Seins und Für-sich-Sorgens. Ich beobachte mich und die anderen um mich herum, wie wir das manchmal bewerkstelligen und manchmal nicht, und ich sehe, wie wichtig es ist, dieser Kraft des An-sich-Glaubens zu vertrauen und sie wachsen zu lassen...« Als ich anfing, dieses Buch zu schreiben, bin ich auf eine ältere Tagebuchnotiz gestoßen aus einer Zeit, als ich mich schon einmal ausführlich mit diesem Thema beschäftigt habe.

Jetzt hat mich die Notiz an etwas erinnert, was möglich ist, wenn man sich mit dem Thema Selbstwert beschäftigt: Man kann ganz erstaunliche Entdeckungen machen. Nicht am anderen Ende der Welt, sondern hier, im Alltag, auch in Ihrem Alltag. Und wenn Sie so wollen, dann lädt dieses Buch Sie zu einer Entdeckungsreise ein mit dem Ziel, den Selbstwert zu stärken.

Bevor es nun aber losgeht, sollen Sie einiges erfahren, was wissenswert und ganz nützlich ist für diese Reise. Das fängt an mit etwas Grundsätzlichem zum Begriff Selbstwert: Im wahrsten Sinne des Wortes ist der Selbstwert der Wert, den eine Person sich selbst zuschreibt. Also eine völlig subjektive Bewertung der eigenen Person. Dieses subjektive Empfinden muss nicht unbedingt übereinstimmen mit der objektiv beschreibbaren Realität dieser Person, es muss auch nicht direkt etwas damit zu tun haben, wie andere diesen Menschen erleben.

Sie kennen das bestimmt: Es gibt Menschen, die ihre Fähigkeiten und das, was sie können, völlig unterschätzen. Von denen heißt es dann, sie stellten ihr Licht unter den Scheffel. Und dann gibt es andere Menschen, die sich überschätzen und von denen dann gesagt wird, sie seien Angeber und Wichtigtuer. Im ersten Fall bewertet die Person sich selbst – gemessen an ihren Fähigkeiten und Leistungen – zu negativ. Im zweiten Fall ist es genau umgekehrt. Hier ist die Brille, die die Person trägt, rosarot, und gemessen an ihren Leistungen und Fähigkeiten ist die Selbstbewertung zu positiv.

Natürlich ist das im Alltag nicht immer so klar und eindeutig, sondern da kommen dann alle erdenklichen Varianten und Spielarten vor. Aus der Sicht von Wissenschaftlern schneiden übrigens mit Abstand am besten diejenigen ab, bei denen der Selbstwert »stimmt«, also solche Menschen, die sich weder unter- noch überschätzen.

Spannend ist nun die Frage, wie es überhaupt zu negativer und positiver Selbstbewertung kommt. Und wovon das eigentlich abhängt, also welche Faktoren dabei eine Rolle spielen. In der Antwort darauf liegt letztlich auch der Schlüssel, wie der Selbstwert gestärkt werden kann.

Leider ist die Sache etwas verzwickt, und es gibt nicht *eine* einfache Antwort, denn es sind natürlich mehrere Faktoren beteiligt. Das fängt schon damit an, dass für die meisten Menschen der Selbstwert eine feste Größe ist. Es ist, wenn Sie so wollen, wie eine einzige große Schublade, in der nur eine einzige Sache liegt, nämlich der Selbstwert. Und der kann entweder zu hoch oder zu niedrig sein, wobei übrigens die meisten Menschen ihren Selbstwert eher für zu klein als für zu groß halten.

Schaut man einmal genauer hin, dann sieht das ganz anders aus. Dann liegen nämlich in dieser Schublade ziemlich viele verschiedene Dinge. Da gibt es ganz unterschiedliche Lebens-

bereiche, die bei der (Selbst-)Bewertung eine Rolle spielen können: Familie und Freundeskreis, Leistung im Beruf, Eigenschaften und Fähigkeiten, Aussehen, Tugenden, spirituelle Werte,
soziales oder politisches Engagement und anderes mehr. Und
diese verschiedenen Dinge gehören eigentlich nicht in eine große
Schublade, sondern sie gehören in verschiedene kleinere Schubläden.

Der Selbstwert? Nein: die Selbstwerte!

Anders gesagt: Je nachdem, wohin ein Mensch bei der Selbstbewertung schaut, kann er zu sehr unterschiedlichen »Selbst-
werten« kommen. Ist ein Mensch sehr gesellig und trifft sich
gerne mit anderen, dann wird er wahrscheinlich einen großen
und verlässlichen Freundeskreis haben, wahrscheinlich auch
Familie, vielleicht wird er darüber hinaus noch in einem oder
mehreren Vereinen aktiv sein. Jedenfalls könnte er dann für diese
Lebensbereiche zu einer sehr positiven Selbstbewertung kommen. Er hätte hier also hohe »Selbstwerte«.

Wenn dieser Mensch nun aber im Beruf nicht so erfolgreich
ist, weil er vielleicht den »falschen« Beruf gelernt hat oder weil
die Firma pleite gegangen ist oder was auch immer, dann wird für
diesen Bereich die Selbstbewertung negativ ausfallen. Und jetzt
ist entscheidend: Sucht der Mensch seinen Selbstwert in einer
großen Schublade, an der auch noch ein Zettel »Ich bin ein Ver-
sager« klebt – oder aber schafft dieser Mensch es, einige von
den vielen kleinen Schubläden aufzuziehen, die ihm eine faire,
genauere Sichtweise auf sich selbst erlauben? Verstehen Sie
mich richtig: Es geht nicht darum, um im Bild zu bleiben, die
Schubläden, in denen die miesen Dinge liegen, geschlossen zu
lassen. Sondern es geht darum, den Selbstwert wie eine Kom-
mode zu betrachten, die viele Schubläden hat.

Nun unterscheiden sich die Menschen nicht nur darin, ob sie
große oder kleine Selbstwert-Schubläden aufziehen. Sondern sie
unterscheiden sich auch darin, welche sie am häufigsten auf-

machen. Es gibt einige spannende Untersuchungen zu diesem Thema, die alle zu ähnlichen Ergebnissen kommen. So sind für die meisten Mädchen und Frauen soziale Beziehungen wichtiger als alle anderen Lebensbereiche. Wenn es da nicht stimmt, ist ihr Selbstwert bedroht und es kommt schnell zur Selbstentwertung. Ganz anders bei Jungen und Männern, für die eigene Fähigkeiten und Leistungen bei der Selbstbewertung am wichtigsten sind. Für sie bedeutet Misserfolg die größere Bedrohung des Selbstwerts, während sie Probleme und Konflikte in Beziehungen eher wegstecken.

Dieser Geschlechterunterschied in der Selbstbewertung kann helfen, manches besser zu verstehen, was im Alltag oft unverständlich wirkt: Der Partner, der sich nach einem Streit auf die Seite dreht und sofort einschläft, während die Partnerin noch ewig wach liegt. Derselbe Mann kann aber stundenlang wach liegen und grübeln, wenn es bei ihm im Job nicht läuft. Die berufstätige Mutter, die aus Rücksicht auf die Kinder die Aufstiegschance am Arbeitsplatz nicht ergreift...

Und noch einen anderen wesentlichen Unterschied gibt es zwischen Männern und Frauen – aber das wird Sie nicht überraschen: Für junge Frauen und Mädchen ist die körperliche Attraktivität für den Selbstwert besonders wichtig. Aber Vorsicht: Es geht auch hier wieder um das subjektiv wahrgenommene eigene Aussehen, nicht um objektiv messbare Schönheit. Im Gegenteil, gerade bei diesem Attribut sind die wissenschaftlichen Ergebnisse ziemlich eindeutig: Wie hübsch, attraktiv oder schön junge Mädchen und Frauen sich selbst finden, das hängt überhaupt nicht damit zusammen, wie hübsch, attraktiv oder schön sie von anderen eingeschätzt werden. Da werden Frauen und Mädchen zu Opfern ihrer eigenen hyperkritischen Wahrnehmung. Und die kann ruck, zuck zur Selbstwertfalle werden.

Wichtig ist in diesem Zusammenhang noch ein Punkt: Ohne dass wir es bemerken, vergleichen wir nämlich immer das, was gerade bei uns die Selbstbewertung steuert – also Leistung, Aussehen, Fähigkeiten etc. –, mit einem bestimmten Maßstab. Das kann ein Ideal sein, aber auch ein Standard, der sich anbietet, etwa die Leistungen der Kollegin oder die Redegewandtheit des Vorstandskollegen oder, oder, oder.

Und da kommt es eben sehr darauf an, womit oder mit wem man sich vergleicht. Das ist entscheidend für den Selbstwert. Wenn man in diesen Vergleichen immer schlecht abschneidet, weil das Ideal gar nicht zu erreichen, der Vergleich einfach nicht fair ist – das junge Mädchen, das sich mit einem superhübschen Filmstar vergleicht, oder der Student, der mindestens so gut sein will wie sein Professor –, dann leidet der Selbstwert. Dann ist es Zeit, solche Vergleichsstrategien zu lernen und einzuüben, die den Selbstwert stärken können.

Veränderungen beginnen im Kopf – und tragen im Leben die schönsten Früchte

Das sind aus meiner Sicht ein paar wichtige Dinge, die für die Reise nützlich sein können. Hier noch eine kleine Gebrauchsanweisung zum Start: Die Kapitel sind alle so aufgebaut, dass in die Gedanken zum jeweiligen Thema zum einen Beispiele aus der Praxis, zum anderen Anregungen aus der Forschung, aus der Philosophie oder Literatur eingeflochten sind.

Ich habe beobachtet, dass es im Prozess der Selbstwertstärkung sinnvoll sein kann, ein paar Schritte eher am Anfang, andere eher zum Schluss zu machen. Deshalb werden die Ideen des Buches sich Ihnen bestimmt am einfachsten erschließen, wenn Sie vorne beginnen und dann Kapitel für Kapitel lesen, selbst wenn Sie vielleicht die eine oder andere Kapitelüberschrift eher anspricht.

Am Schluss jedes Kapitels finden Sie Vorschläge, was Sie selbst tun können. Es sind immer mehrere. So können Sie auswählen, welche am besten zu Ihnen passen oder Ihnen am meisten zusagen. Ich möchte Sie sehr ermutigen, sich von den Vorschlägen anregen zu lassen, selbst etwas auszuwählen – und es zu tun! Denn nach meiner Erfahrung beginnt die Veränderung zwar im Kopf und manchmal auch im Bauch. Sie vollzieht sich aber immer im Leben und trägt dort ihre schönsten Früchte.

Eines will ich zum Schluss nicht unerwähnt lassen: Wenn Sie in diesem Buch weiterlesen und wenn es Ihnen nützlich sein soll, dann, fürchte ich, brauchen Sie Zeit. Ich meine nicht die Zeit zum Lesen, das wird vermutlich noch am schnellsten von allem gehen. Nein, ich meine Zeit, sich um sich selbst zu kümmern. Und dann brauchen Sie auch noch Geduld, Geduld mit sich selbst. Denn gewohnte Pfade zu verlassen, alte Gewohnheiten abzulegen und neue Wege zu gehen, gelingt oft nicht auf Anhieb. Sondern das braucht Übung, braucht Wiederholung. Wenn Sie also beides, Zeit und Geduld, im Gepäck haben, dann steht Ihrer Entdeckungsreise nichts im Weg.

2 Innehalten, achtsam werden

Nun haben Sie glücklich die Einleitung hinter sich, sind bereit, den ersten Schritt zu tun – und lesen: »Innehalten, achtsam werden«. Also gar nicht die große Bewegung nach vorn, sondern ganz im Gegenteil – der erste Schritt ist gar kein Schritt, sondern Stillstand. Und wenn nicht ganz Stillstand, so doch zumindest Verlangsamung. Dabei sind Sie vermutlich eilig, vorwärts zu kommen. Haben Sie das Buch nicht in die Hand genommen, um voranzukommen mit Ihrem Selbstwert? Sich selbst besser zu verstehen und Schritte nach vorne zu machen?

Das alles ist sicher richtig. Und doch ist es notwendig, zuallererst einmal innezuhalten und aus dem Auf-ein-Ziel-hin-Müssen herauszukommen. Glauben Sie mir, es lohnt sich, wenn Sie sich zunächst einmal ein wenig Zeit nehmen. Krempeln Sie nicht zu eilig die Ärmel auf, auch wenn ich Ihnen in der Einleitung angekündigt habe, es erfordert Arbeit und Energie, den Selbstwert zu stärken.

Der Eilige

Der Beditschewer sah einen auf der Straße eilen, rechts und links zu schauen. »Warum rennst du so?«, fragte er ihn. »Ich gehe meinem Erwerb nach«, antwortete der Mann. – »Und woher weißt du«, fuhr der Rabbi fort zu fragen, »dein Erwerb laufe vor dir her, dass du ihm nachjagen musst? Vielleicht ist er dir im Rücken, und du brauchst nur innezuhalten, um ihm zu begegnen, du aber fliehst vor ihm.«

Martin Buber: Die Erzählungen der Chassidim

Sie sagen: Ich will mich entwickeln, will wachsen. Und ich sage: Das ist gut und schön, nur, zuerst sollten Sie innehalten und achtsam werden. Sie sagen: Ich will mich verändern, will meinen Selbstwert verbessern oder mein Selbstwertgefühl steigern. Und ich sage: Zunächst sollten Sie sich so annehmen, wie Sie sind. Das hört sich nicht so an, als sei es besonders gut miteinander vereinbar. Und doch habe ich die Erfahrung gemacht, dass es einen Weg gibt, der vom Innehalten und von der Akzeptanz zur Veränderung und zur Entwicklung führt.

Ich möchte Ihnen das ausführlicher erklären. Möglicherweise ist Ihnen der Begriff »Achtsamkeit« schon begegnet. Ursprünglich kommt er aus der Meditationspraxis und ist besonders im Zen-Buddhismus wesentlicher Bestandteil der Lehre. Achtsamkeit ist in diesem theoretischen Kontext eine Seinsweise, eine Lebensgrundhaltung, die durch Meditation entwickelt wird.

Es gibt heute viele verschiedene Angebote aus unterschiedlichsten Bereichen, die die Achtsamkeit als Lebensgrundhaltung mehr oder weniger stark in den Mittelpunkt stellen. Das können psychotherapeutische Angebote sein, aber auch spirituelle oder religiöse Angebote. Wenn Sie nun fürchten, dass ich Sie ermuntere, sich mit der Achtsamkeit zu beschäftigen, weil es gerade Mode ist, dann kann ich Sie beruhigen. Das ist keineswegs so, es geht weder um Zen-Meditation noch um die spirituelle Annäherung an einen bestimmten Geisteszustand oder eine besondere Seinsweise.

Nein, es geht um eine ganz einfache Entdeckung, nämlich: Wer lernt, im Hier und Jetzt genau so zu sein, wie er gerade ist, der lernt damit, aus dem Druck herauszukommen, immer auf ein bestimmtes Ziel hin sein zu müssen. Und es bedeutet, scheinbar paradox, gerade durch das Annehmen des jetzt So-Seins sich die Möglichkeit zu eröffnen, sich aus dem So-Sein zu einem Anders-Sein hin entwickeln zu können.

Achtsamkeit in der buddhistischen Meditationspraxis

Achtsamkeit ist das »aufmerksame unvoreingenommene Beobachten aller Phänomene, um sie wahrzunehmen und zu erfahren, wie sie in Wirklichkeit sind, ohne sie emotional oder intellektuell zu verzerren.«

A. Solé-Leris: Die Meditation, die der Buddha selber lehrte

Schauen wir uns das noch einmal genauer an. Achtsam sein bedeutet: Hier und jetzt genau so sein, wie ich jetzt hier bin. Genau das tun, was ich genau jetzt tue. Weder in Gedanken, noch in Gefühlen einen Schritt voraus zu sein, noch einen Schritt zurück zu bleiben. Weder zu bewerten, noch zu beurteilen, was ich jetzt gerade fühle, wahrnehme, empfinde. Nicht zu fragen, was richtig oder falsch, gut oder schlecht ist. Ohne die Gefühle zu zensieren, ohne die Wahrnehmungen zu korrigieren. Einfach nur sein.

Das hört sich ganz einfach an, ist in Wahrheit aber nicht ganz so einfach zu erreichen. Denn jeder von uns hat eine ganze Menge alltäglicher Gewohnheiten, die dieser Haltung der Achtsamkeit zunächst einmal entgegenstehen.

Ich möchte Sie zu einem Experiment einladen, das diesen komplexen Zusammenhang ein wenig erhellen kann.

Übung

Sitze ich bequem?

Fangen wir einmal an mit einer kleinen Übung zu Ihrem Sitzen. Da aber niemand gleichzeitig in diesem Buch hier lesen und über sein Sitzen etwas erfahren kann, ohne das wichtigste Prinzip der Achtsamkeit zu verletzen, nämlich sich mit einer Wahrnehmung intensiv zu beschäftigen, bitte ich Sie, zunächst diesen Abschnitt zu Ende zu lesen, dann das Buch beiseite zu legen und sich anschließend folgende Wahrnehmungen zu vergegenwärtigen. Aber Achtung! Dabei ist es besonders wichtig, dass Sie zunächst nicht Ihre Sitzposition verändern, sondern genau so sitzen bleiben, wie Sie im Moment sitzen.

Jetzt also die Wahrnehmungen: Wir machen eine kleine Reise durch Ihren Körper und beginnen bei den Füßen. Wie stehen Ihre Füße auf dem

Boden? Nutzen Sie die gesamte Fußsohle, um das Gewicht der Beine an den Boden abzugeben? Oder stehen die Fußkanten auf? Oder die Zehen, oder aber die Fersen? Haben Sie Ihre Beine übereinander geschlagen oder sind die Beine ausgestreckt? Wandern Sie nun mit Ihrer Aufmerksamkeit an den Beinen entlang, prüfen Sie, wie die Beine stehen oder liegen. Spüren Sie dann weiter bis zu Ihrem Gesäß. Versuchen Sie wieder, möglichst intensiv die ganze Fläche wahrzunehmen, mit der Sie auf dem Stuhl oder in dem Sessel sitzen. Versuchen Sie die ganze Ausdehnung wahrzunehmen und zu spüren, wie sich diese Fläche anfühlt. Sitzen Sie schon eine Weile und spüren Druckpunkte? Vielleicht reizt es Sie, hin und her zu rutschen, um eine andere Sitzposition einzunehmen? Wenn dies so ist, warten Sie damit noch einen Augenblick, spüren Sie erst einmal weiter an Ihrem Rücken entlang. Haben Sie sich angelehnt? Oder sitzen Sie vornübergebeugt und haben keinen Kontakt zu der Stuhl- oder Sessellehne? Was ist mit Ihren Schultern? Sind die entspannt oder vielleicht hochgezogen? Vielleicht auch eine mehr als die andere?

Man könnte diese Körperreise nun fortsetzen und die Kopfhaltung, die Armhaltung, selbst die Haltung Ihrer Hände oder Ihrer Finger mit einbeziehen. Dennoch möchte ich es dabei belassen und Sie bitten, in Ihrer Aufmerksamkeit ausschließlich bei Ihren Füßen, den Beinen, beim Gesäß und beim Rücken zu bleiben. Und jetzt kommt der zweite Schritt. Prüfen Sie doch einmal folgende Fragen: Sitze ich bequem so? Oder könnte ich an meiner Art zu sitzen etwas ändern, sodass meine Beine oder mein Gesäß oder mein Rücken entspannter sind? Könnte ich mit meinem Po mehr von der Sitzfläche des Stuhles oder des Sessels einnehmen, um das Gewicht meines Rumpfes auf eine größere Fläche zu verteilen und es damit leichter zu haben? Könnte ich vielleicht ein Kissen im Rücken gebrauchen, das mir ein wenig Stütze gibt?

Meist stellen sich bei dieser Übung sofort Impulse ein, die Sitzposition in Richtung auf bequemer oder angenehmer oder – wenn Sie es technisch ausdrücken wollen – ergonomischer zu verändern. Das liegt daran, dass unsere Aufmerksamkeit natürlich nicht immer nur bei der Sitzposition, nur bei der Stellung der Füße oder der Krümmung des Rückens ist. Sondern sie bezieht sich meistens auf eine andere Tätigkeit, in diesem Augenblick zum Beispiel das Lesen dieses Buches.

Da wir mit unserer Aufmerksamkeit nicht gleichzeitig bei allen Tätigkeiten, Haltungen oder Empfindungen sein können, ist es ganz natürlich, dass wir die weniger wichtigen, weil in der Regel automatischen, aus dem Auge beziehungsweise aus dem Bewusstsein verlieren. Der Prozess des Achtsamwerdens macht einen Teil dieser unbewussten oder der Aufmerksamkeit entzogenen Tätigkeiten oder Empfindungen rückgängig. Und wenn schon nicht völlig rückgängig, dann behindert die Achtsamkeit doch den automatischen Ablauf.

Wozu ist das nun gut? Warum ist Achtsamkeit so wichtig, wenn wir die meisten Dinge doch automatisch tun? Oft geschieht es – das wird Ihnen möglicherweise bei der Übung selbst so gegangen sein –, dass wir wichtige Aspekte unseres Wohlbefindens aus dem Auge verlieren oder einfach nicht beachten, wenn nicht sogar missachten; in der kleinen Übung eben war das ein Sitzen, das unseren Rücken und unsere Gelenke schont. Für einen Moment achtsam zu sein, kann dann bedeuten, diese Aspekte wieder oder sogar erstmals in den Mittelpunkt der Aufmerksamkeit zu rücken, sie aufmerksam wahrzunehmen.

Ein Geschenk, das nur Sie sich machen können

Mehr Achtsamkeit kann dann dazu führen, sich eine bequemere Sitzgelegenheit zu suchen oder es sich etwa mit einem Kissen bequem zu machen. Mehr Achtsamkeit kann auch bedeuten, dafür zu sorgen, rechtzeitig zu essen oder zu trinken, statt hungrig oder durstig schlechte Laune zu bekommen. Indem Sie nun Achtsamkeit einüben und entwickeln, bringen Sie sich selbst eine sehr grundsätzliche Wertschätzung entgegen. Und genau das trägt dazu bei, den Selbstwert zu stärken.

Um möglichen Missverständnissen vorzubeugen: Das Prinzip der Achtsamkeit dient nicht dem Ziel, es immer und überall bequem zu haben oder es sich immer möglichst einfach zu machen. Nein, das ist bestenfalls ein Nebeneffekt der erhöhten Achtsamkeit. Es geht darum, wie schon am Anfang erwähnt, aufmerksam für sich selbst zu sein. Eigentlich ist es ein Geschenk, das Sie sich selbst machen – und das nur Sie selbst sich machen können. Dieses Geschenk bedeutet, dass Sie sich selbst wertvoll genug finden, aufmerksam für sich selbst, für Ihren Körper, für Ihre Empfindungen und Ihre Bedürfnisse zu sein.

Positive Effekte von Achtsamkeit

Es gibt inzwischen einige Untersuchungen, die den positiven Effekt von systematisch eingeübter und angewendeter Achtsamkeit bestätigen. So untersuchte beispielsweise ein Forscherteam in Großbritannien eine Gruppe von 145 Patienten mit Depressionen. Die Rückfallquote war für diejenigen Patienten deutlich geringer, die in ihrer Therapie auch die Grundhaltung der Achtsamkeit gelernt hatten. Ähnlich gute Erfolge werden für chronische Schmerz- und Angsterkrankungen berichtet.

Thomas Heidenreich & Johannes Michalak: Achtsamkeit (»Mindfulness«) als Therapieprinzip in Verhaltenstherapie und Verhaltensmedizin

Was geschieht nun, wenn Sie solche Momente des Innehaltens in Ihren Alltag einbauen, wie ich es Ihnen vorschlage? Schauen wir uns noch einmal die Übung von eben an: Als Sie innegehalten und Ihr Sitzen aufmerksam wahrgenommen haben, als Sie achtsam waren, da haben Sie wahrscheinlich bemerkt, dass Sie etwas an Ihrer Position verändern könnten und dass Sie danach für eine Weile bequemer oder angenehmer, vielleicht sogar entspannter sitzen. Dieses kurze Mehr an Aufmerksamkeit hat Ihnen dazu verholfen, für einen kleinen Moment Ihr körperliches Wohlbefinden wichtig zu nehmen. Und nicht nur das, es hat Ihnen auch die Möglichkeit gegeben, tatsächlich etwas für das Wohlbefinden zu tun, indem Sie Ihre Sitzposition verändert haben.

Vielleicht aber saßen Sie schon bequem, vielleicht lagen Sie sogar gemütlich auf dem Sofa, während Sie lasen, und außer der erhöhten Aufmerksamkeit für Ihren Körper haben Sie nichts Bedeutungsvolles erfahren. Das ist durchaus möglich. In diesem

Falle ist es vielleicht hilfreich, Sie stellen sich vor, Sie würden diese Übung im Wartezimmer Ihres Zahnarztes machen, während dieser das Sprechzimmer für Ihre Wurzelbehandlung vorbereitet. Sich in diesem Moment auf das Sitzen zu konzentrieren, das Sitzen ganz in den Mittelpunkt der Aufmerksamkeit zu rücken und sich zu erlauben, so bequem wie möglich auf dem Wartezimmerstuhl zu sitzen, so viel von Ihrem Körpergewicht wie möglich an die Sitzfläche und an den Fußboden abzugeben, das kann in einem solchen Moment des Wartens sehr wohltuend sein und das Wohlbefinden positiv beeinflussen (natürlich nur, soweit das beim Zahnarzt überhaupt möglich ist ...).

Auch wenn das Sitzen in meinem Therapiezimmer zum Glück nur selten mit dem Warten auf eine Wurzelbehandlung beim Zahnarzt zu vergleichen ist, so ist doch der Effekt dieser Übung, wenn wir sie in der Therapie zum ersten Mal machen, genau der beschriebene: Die meisten Patienten ändern im Laufe der Übung ihre Sitzposition und sitzen am Ende entspannter, meist auch zurückgelehnter. Sie nutzen zum Sitzen die gesamte Sitzfläche des Sessels und nicht nur die Hälfte oder gar nur die vordere Kante.

Achtsam sein

Größtmögliche nicht (be-)wertende Aufmerksamkeit auf das bewusste Erleben des aktuellen Augenblicks. Gerichtet auf ...

- den Körper: Liegen, sitzen, stehen, gehen, atmen, alltägliche Bewegungsabläufe, Bedürfnisse des Körpers;
- die Sinne: Sehen, hören, riechen, schmecken, tasten;
- Gefühle und Bedürfnisse: Freude, Glück; Wut, Zorn, Ärger; Traurigkeit, Trauer, Enttäuschung; Lust, Unlust; Geborgenheit, Sicherheit; Ruhe.

Ich hoffe, ich habe Sie bis hierher neugierig machen können, was alles möglich ist, wenn Sie achtsamer werden mit sich selbst. Haben Sie Lust bekommen, selbst herauszufinden oder zu erforschen, was Sie damit für Erfahrungen machen können?

Wie können Sie nun vorgehen? Beginnen Sie mit kleinen Schritten. Wählen Sie zuerst aus, auf welchen Aspekt, auf welche Empfindung, welche Tätigkeit Sie sich heute und in den nächsten Tagen besonders konzentrieren wollen. Ich habe beobachtet, dass das Einüben der Achtsamkeit und das Entdecken der positiven Erfahrungen, die Achtsamkeit ermöglicht, am leichtesten oder einfachsten ist, wenn man mit ganz simplen körperlichen Bewegungen oder Tätigkeiten beginnt, etwa mit dem Gehen oder dem Atmen. Sie finden Anregungen dazu am Ende dieses Kapitels.

Meditation im Gehen

»Im Gehen meditieren heißt eigentlich, das Gehen zu genießen – kein Gehen, um anzukommen, sondern nur um zu gehen. Es hat keinen anderen Zweck, als im gegenwärtigen Moment zu sein, bewusst den Atem und das Gehen zu spüren und jeden Schritt zu genießen (…). Nimm bewusst wahr, wie deine Füße die Erde berühren. Gehe so, als würdest du die Erde mit deinen Füßen küssen. (…) Jeder Schritt lässt eine Blüte unter unseren Füßen aufleuchten. Das geht nur, wenn wir weder an die Zukunft noch an die Vergangenheit denken, wenn uns klar ist, dass das Leben nur im gegenwärtigen Moment zu finden ist.«

Thich Nhat Hanh: Ich pflanze ein Lächeln

Was Sie jetzt für sich auswählen, das kann von Fragen wie diesen beeinflusst sein: Worauf bin ich besonders neugierig? Wo, wann, bei welcher Gelegenheit fällt mir immer wieder auf, dass ich zu wenig aufmerksam bin? Woran denke ich immer wieder zu spät? Beispielsweise etwas zu trinken, etwas zu essen, das Fenster zum Lüften zu öffnen …

Wenn Sie ausgewählt haben, beginnen Sie mit dem Üben. Das heißt, immer wieder innezuhalten und aufmerksam wahrzunehmen, wie Sie gerade sind, was Sie gerade tun, was Sie gerade empfinden. Was das ganz genau ist, hängt natürlich ab von dem

Aspekt, für den Sie sich entschieden haben. Sie können sich das Üben für eine bestimmte Zeitspanne vornehmen oder es einfach immer mal wieder im Alltag tun, zwischendurch, wann immer es Ihnen einfällt. Und immer wieder gilt: Innehalten, wahrnehmen, wie Sie sind, was ist. Nicht bewertend, nicht urteilend. Sondern auffassen, mit all Ihren Sinnen aufnehmen, was gerade ist.

Wenn Sie im Innehalten etwas Übung haben und somit darin, sich Ihrer selbst, Ihrer Tätigkeiten, Ihrer Bedürfnisse, Ihrer Empfindungen gewahr zu werden, dann haben Sie den ersten wichtigen Schritt geschafft: Sie haben sich selbst in genau dem, wie Sie sind und was Sie tun, wichtig genommen. Sie haben sich selbst Aufmerksamkeit geschenkt, wie Sie sie sonst eher anderen schenken, Sie haben es, wenn Sie das Prinzip der Achtsamkeit einigermaßen umsetzen konnten, geschafft, sich für kleine Momente so sein zu lassen, wie Sie gerade sind. Sie haben für kurze Zeit aufgehört, sich selbst Vorschriften zu machen, wie sie zu sein haben, wie Sie sein könnten oder sollten.

Ich lade Sie ein – machen Sie sich dieses Geschenk immer wieder. Schenken Sie sich die Aufmerksamkeit für sich. Genießen Sie es, für diese kleinen Momente im Mittelpunkt zu stehen, im besten Sinne sich selbst der Nabel der eigenen Wahrnehmungswelt zu sein.

Schenken Sie sich doch einmal Zeit

Möglicherweise haben Sie schon während des eben beschriebenen Innehaltens Neues ausprobiert, weil das, was Sie gerade taten oder wie Sie gerade waren, gar nicht so angenehm war und durch leichte Veränderung zum Guten zu beeinflussen war. Möglicherweise aber haben Sie sich auch ganz streng daran gehalten, erst einmal nur zu erkunden und sonst gar nichts zu tun. Dieser Schritt, das vertraute Muster zu unterbrechen und etwas Neues auszuprobieren, ist die Weiterentwicklung. Etwas anders machen bedeutet hier konkret, eine andere Sitzposition einzunehmen, vielleicht sogar einmal eine andere Sitzgelegenheit auszuprobieren. Es kann aber – je nachdem, was Sie gewählt haben – auch etwas ganz anderes bedeuten, beispielsweise, den Schritt bei der Einkaufstour durch die Innenstadt zu verlangsamen und das Tempo um etwa ein Drittel zu reduzieren.

Bei diesem Variieren werden Sie viele Erfahrungen machen, manche davon werden durchaus ambivalent sein. Meistens gibt es einen guten Grund – und es ist nicht nur Bequemlichkeit –, etwas genau so zu tun, wie man es tut. Nehmen wir das Beispiel des Tempos beim wöchentlichen Einkauf. Wenn Sie dafür zu wenig Zeit veranschlagen, bleibt Ihnen nichts anderes übrig, als durch die Stadt zu hasten, und Sie werden es einigermaßen unmöglich finden, Ihren Schritt zu verlangsamen und achtsam von Geschäft zu Geschäft zu gehen.

Und doch – probieren Sie genau das einmal aus. Nehmen Sie sich einmal mehr Zeit für den Einkauf, veranschlagen Sie vielleicht sogar die Hälfte der üblichen Zeit mehr und ziehen Sie dann in aller Ruhe los. Probieren Sie doch einmal aus, langsam zu gehen und zu beobachten, welche Erfahrungen Sie machen. Ob das nur unangenehme Gefühle sind, weil Sie mehr Zeit zum Einkaufen brauchen? Oder ob es auch angenehme sind, weil Sie nicht so gehetzt vom Einkaufen zurückkommen? Weil die Drängelei der anderen Sie nicht so gestört hat, weil Sie selbst freundlicher sein konnten?

Wenn Sie ein bisschen damit experimentiert haben, werden Sie sich zwar immer wieder dabei beobachten können, wie Sie noch in alten Mustern stecken. Wie Sie sich also beispielsweise in der vertrauten, seit Jahren eingeübten Position hinter den Schreibtisch »klemmen«. Oder wie Sie sich im Sauseschritt durch die Stadt rasen. Aber Sie werden auch entdecken, dass Sie es anders machen können. Dass Sie mit der Haltung: »Ich beobachte mal, wie ich es eigentlich mache, und dann probiere ich aus, ob ich es auch anders machen kann«, weiterkommen können.

Achtsamkeit für alltägliche Bewegungsabläufe:
zum Beispiel Telefonieren

Wählen Sie aus Ihren vielen alltäglichen Bewegungsabläufen einen aus, den Sie vielleicht besonders häufig machen oder der Sie vielleicht besonders beansprucht. Für den einen können das mechanische Bewegungen am Arbeitsplatz sein, wie immer wieder Papier- oder Aktenstapel an einen bestimmten Platz zu räumen, für die andere kann es das stundenlange Sitzen am Computer sein. Ich wähle als Beispiel das Telefonieren aus, weil das häufig vorkommt. Nun möchte ich Schritt für Schritt erläutern, was es bedeutet, an einem so alltäglichen Phänomen wie dem Telefonieren die Achtsamkeit zu üben.

1. Schritt: Wahrnehmen, was Sie tun

Nehmen Sie sich vor, zuerst einmal nur genau wahrzunehmen, wie Sie telefonieren. Ändern Sie in diesem Schritt nichts. Achten Sie einfach nur genau auf die folgenden Aspekte: Sitze oder stehe ich? Suche ich mir einen bequemen Platz? Erlaube ich mir, wenn es dort nicht bequem ist, das zu verändern (die Tür zu schließen, mir einen Stuhl zu holen etc.)? Wie halte ich den Hörer? Locker und entspannt? Ans Ohr gepresst? Wie sind meine Schultern und mein Nacken? Wie ist meine restliche Körperhaltung? Muss ich mich anstrengen, meine Gesprächspartnerin zu verstehen? Konzentriere ich mich auf das Gespräch oder bin ich mit den Gedanken bei einer anderen Sache? Oder mit meinen Augen bei etwas anderem?

2. Schritt: Variieren und experimentieren

Nachdem Sie einige Male beim Telefonieren nur beobachtet haben, beginnen Sie damit, einzelne Elemente zu verändern. Und überprüfen Sie immer wieder, wie sich Ihre Experimente auswirken. Was genau Sie verändern, hängt natürlich davon ab, was Sie selbst beobachtet haben und was Sie gern Neues ausprobieren möchten. Hier einige Anregungen: Sie könnten eine bequemere oder entspanntere Körperhaltung einnehmen. Sie könnten sich eine besonders angenehme Sitzgelegenheit suchen, falls Sie länger telefonieren. Sie könnten den Hörer lockerer halten und nicht so fest ans Ohr pressen. Vielleicht Ihren Gesprächspartner bitten, etwas lauter zu reden, wenn Sie ihn nicht so gut verstehen. Oder die Hörerlautstärke verändern. Sie könnten die Gesprächspartnerin bitten, etwas später anzurufen, wenn es gerade ganz ungünstig ist.

Das Wichtige an diesem Schritt ist, dass Sie sich erlauben, etwas Neues auszuprobieren. Etwas einmal anders zu machen als bisher. Diesen einen kleinen Alltagsmoment anders zu gestalten und sich damit selbst zu zeigen: Indem ich achtsam mit den kleinen Dingen bin, achtsam bin, wie ich mit den kleinen Dingen des Alltags umgehe, so bin ich auch achtsam mit mir.

3. Schritt: Ein wachsames Auge auf Gewohnheiten haben

Oftmals beschwingt einen zunächst das Experimentieren. Und doch geschieht es schnell, dass die alten Gewohnheiten zurückkehren. Schließlich hat man oft jahrelang in genau der einen Position telefoniert oder am Computer gesessen oder Einkaufstaschen die Treppe hochgeschleppt. Deshalb ist es so wichtig, immer wieder aktiv unsere Aufmerksamkeit auf die Sache zu lenken, das Bewusstsein für die Sache wach zu halten. Sonst verschwindet sie wieder in den automatischen Mustern, die unsere täglichen Bewegungsabläufe steuern. Deshalb gilt für diese Phase: Immer wieder innehalten und Schritt 1 wiederholen, schauen, was man gerade tut oder wie die Dinge sind, und anschließend entscheiden, ob man es weiter so tun oder etwas ändern will.

Vorschlag 2

Achtsamkeit für die Sinne: zum Beispiel Tasten

Nehmen Sie sich etwas Zeit und halten Sie inne. Versuchen Sie, sich nur auf einen Sinn zu konzentrieren. Holen Sie diesen in Ihrer Wahrnehmung ganz in den Vordergrund Ihrer Aufmerksamkeit und lassen Sie die anderen Sinne für diese Zeit in den Hintergrund treten. Ich schlage Ihnen als Beispiel den Tastsinn vor. Die Übungen eignen sich – entsprechend abgewandelt – aber genauso für die anderen Sinne. Das Tasten geschieht über die Hautwahrnehmung, deshalb machen wir die intensivsten Erfahrungen, wenn wir uns ausschließlich auf das konzentrieren, was wir auf der Haut oder mit unserer Haut spüren. Hier einige Anregungen, wie Sie wahrnehmen und experimentieren können:

■ Stellen Sie sich unter die Dusche oder legen Sie sich in die Badewanne und spüren Sie das Wasser auf Ihrer Haut, den Badeschaum oder die Duschcreme auf Ihrem Körper. Halten Sie die Dusche mal weiter weg, mal ganz dicht an Ihre Haut und spüren Sie den Unterschied. Experimentieren Sie: Wo gefällt Ihnen das Wasser besonders gut auf der Haut, an welcher Stelle spüren Sie die Wassertropfen besonders intensiv? Welche Gefühle oder Stimmungen wecken diese Erfahrungen?

■ Umhüllen Sie sich unbekleidet mit einer weichen Decke, einem kuscheligen Federbett oder einem schmeichelnden Stoff und versuchen Sie, möglichst viel von Ihrer Haut im Kontakt zu Ihrer Umhüllung zu spüren. Welche Empfindungen, Erinnerungen, Bedürfnisse stellen sich ein? Wie ist Ihre Stimmung?

■ Gehen Sie in die Natur und legen Sie sich ins weiche Gras, in den Sand, auf den Waldboden, ins Heu … Versuchen Sie, mit Ihrem Tastsinn möglichst den ganzen Körper zu erfühlen. Was nehmen Sie wahr? Wo liegen Sie hart, wo weicher? Nehmen Sie die Sonne oder den Wind auf Ihrem Körper wahr. Was empfinden Sie? Was ist besonders intensiv?

Achtsamkeit für Gefühle und Bedürfnisse: zum Beispiel Freude Vorschlag 3

Gerade positive Gefühle versinken oft unbemerkt im Alltagstrott, sie verschwinden zwischen Akten- und Wäschebergen und verflüchtigen sich bei der Steuererklärung oder im Wartezimmer des Kinderarztes. Deshalb möchte ich Sie anregen, sich immer wieder einen Augenblick Zeit zu nehmen. Innezuhalten und Ihre Aufmerksamkeit auf die kleinen kostbaren Momente zu lenken, die Ihr Herz erfreuen oder ein Lächeln auf Ihr Gesicht zaubern. Das geht am besten, wenn Sie Ihre Sinne auf Empfang stellen für diese Momente und die Empfindungen und Gefühle, die dazugehören. Und sie dann auskosten. Vielleicht empfinden Sie Freude, …

■ wenn ein Tautropfen in der Morgensonne blinkt;
■ wenn Sie ein Tennismatch gewinnen;
■ wenn die Vögel zwitschern;
■ wenn Ihnen jemand ein strahlendes Lächeln schenkt;
■ wenn Sie ein Kinderlachen weckt;
■ wenn eine Arbeit Ihnen zügig von der Hand geht;
■ wenn Sie jemanden unerwartet treffen, den Sie besonders gern mögen.

Finden Sie heraus, was Ihnen Freude schenkt.

Wenn Sie gern mehr zu diesem Thema lesen möchten

Claudio Hofmann: Achtsamkeit. Anleitung für ein sinnvolles Leben. Stuttgart: Klett-Cotta, 2002.

Thich Nhat Hanh: Ich pflanze ein Lächeln. Der Weg der Achtsamkeit. 7. Auflage. München: Goldmann, 1992.

3   Einen wohlwollenden Begleiter wählen

Sie kennen das bestimmt: Es ist Freitag Mittag, hinter Ihnen liegt eine anstrengende Woche. Den ganzen Tag schon sind Sie gereizt und ungeduldig, vielleicht sogar übellaunig. Obwohl die Woche gar nicht so schlecht gelaufen ist, fallen Ihnen hundert Dinge ein, die Sie noch nicht erledigt haben. Es regt Sie einfach auf, wie viel Sie noch nicht geschafft haben. Und dann geht auch noch etwas schief. Sie machen einen im Grunde kleinen Fehler – und Ihre Laune ist endgültig im Keller. Wenn jetzt womöglich auch noch ein Kollege kommt und an irgendetwas herumnörgelt, dann sieht die Prognose endgültig schlecht aus für den Freitag Abend …

Wahrscheinlich fällt es Ihnen nicht schwer, sich in diese schlechte Stimmung hineinzuversetzen. Wahrscheinlich können Sie auch die ständige Bedrohung spüren, sich selbst schlecht zu machen, kein gutes Haar an sich zu lassen, auch Erfolge nicht gelten zu lassen. Wer kennt diese Stimmung nicht?

Besuch von der allerbesten Freundin

Nun wollen wir dieser düsteren, für den Selbstwert durchaus schädlichen Stimmung eine etwas andere Richtung geben. Stellen Sie sich vor – vielleicht ist Ihnen so etwas auch tatsächlich schon einmal passiert –, Ihr allerallerbester Freund oder Ihre allerallerbeste Freundin kommt zufällig vorbei und trifft Sie in dieser Stimmung an: voller Vorwürfe gegen sich selbst, unzufrieden mit sich selbst bis in die letzte Haarspitze. Diese Person, die da wie ein guter Geist hereinschneit, ist eine, die Ihnen ungeteiltes, vorbehaltloses Wohlwollen entgegenbringt. Und das, obwohl Sie selbst manchmal nicht wissen, woher diese Freundin das nimmt, worauf sich dieses Wohlwollen gründet.

Nun stellen Sie sich weiter vor, dass diese wohlwollende Person Sie an die Hand nimmt, Sie aus Ihrem Büro oder aus Ihrer Küche herausführt, Sie in eine gemütliche Ecke setzt und Ihnen erst einmal einen feinen Tee oder einen guten Kaffee bringt. Und dann würde diese Person vielleicht sagen: »Sieh mal, es ist Freitag Mittag, du hattest eine anstrengende Woche, du hast schon viel geschafft. Dir ist es gelungen, diese schwierige Aufgabe zu deichseln und jenes komplizierte Telefonat zu erledigen. Du hast eine gute Lösung für eine ziemlich brenzlige Angelegenheit gefunden, und auch in der letzten Konferenz hast du dich trotz Gegenwind sehr gut geschlagen. Klar, der Berg von unerledigten Aufgaben ist noch groß. Lass uns trotzdem einmal schauen, wie groß der Berg erledigter Aufgaben dagegen ist.« Und dann würde diese wohlwollende Person als Nächstes zusammentragen, was Ihnen in der vergangenen Woche alles gelungen ist beziehungsweise was Sie alles geschafft haben.

Wie könnte die Geschichte weitergehen? Aller Wahrscheinlichkeit nach würde Ihre Laune besser werden, die restliche Arbeit würde Ihnen leichter von der Hand gehen. Und die kleine Wohlwollenspause würde, wenn überhaupt, Ihren Start in den Feierabend nur ganz unwesentlich verzögern. Vor allem, Sie würden nicht ganz so unzufrieden, nicht ganz so schlecht gelaunt starten.

Nun schneien solche guten Geister, wenn es sie denn überhaupt gibt, selten herein. Tatsächlich gehören Vorgesetzte und Kollegen leider – und von Ausnahmen abgesehen – häufiger zu der Spezies der nörgelnden und meckernden Gruppe als zu den Wohlwollenden und Unterstützenden. Sich auf solche guten Geister zu verlassen, die in unserem Leben auftauchen und unseren Selbstwert stärken, wäre auch keine gute Lösung. Denn das macht uns abhängig von der Zuwendung anderer. Und das wiederum stabilisiert keineswegs das Selbstwertgefühl.

Was nun, höre ich Sie sagen. Wie soll's weitergehen? Die gute Fee kommt nicht, die Woche ist mies gelaufen, von Wohlwollen keine Spur, und das ganze Schönreden nützt auch nichts. Was kümmert mich das, was schon geschafft ist, der Berg der unerledigten Aufgaben ist immer noch riesig.

Und doch, es hilft nichts: Wir müssen das Wohlwollen für uns selbst aufbringen. Wir müssen uns selbst den liebevollen Blick schenken. Auch dann, wenn es schwer fällt, auch wenn es Gegenargumente hagelt. Aber damit werden wir uns später noch beschäftigen.

Positive Psychologie

Positive Psychologie ist eine jüngere Strömung in der wissenschaftlichen Psychologie. Sowohl in der wissenschaftlichen Fundierung als auch in der Forschung und der Anwendung ist sie auf das Positive im Menschen und in der Welt ausgerichtet. Sie beschäftigt sich hauptsächlich mit menschlichen Stärken, Tugenden oder Ressourcen und grenzt sich damit bewusst von den psychologischen Disziplinen ab, in denen es um die Pathologie und die Störungen menschlichen Erlebens und Verhaltens geht.

Ann Elisabeth Auhagen: Positive Psychologie

Was uns wirklich weiterhilft, das ist, das Wohlwollen in uns selbst zu fördern. Uns nicht nur das Geschenk größerer Aufmerksamkeit für uns selbst zu machen und achtsamer zu werden, sondern darüber hinaus noch die Bereitschaft zu entwickeln, uns selbst liebevoller zu begegnen. Uns selbst so wohlwollend entgegenzutreten, wie wir einem allerbesten Freund begegnen würden, dem wir vorbehaltloses Wohlwollen schenken möchten. Das bedeutet, daran zu arbeiten, sich selbst gegenüber eine positivere Haltung einzunehmen als bisher. Wege zu finden, das Wohlwollen sich selbst gegenüber nachhaltig zu vergrößern.

Wie kann das nun funktionieren, werden Sie fragen. Wo doch meine Meinung von mir selbst eher schlecht ist, wo ich oft genug enttäuscht bin von mir und meinen Leistungen? Gerade aus diesem Grund ist die Arbeit am Wohlwollen so wichtig. Genau deshalb ist es so wichtig zu lernen, für sich selbst und vor sich selbst das Erreichte und Positive gelten zu lassen. Die guten Seiten an sich, die starken Seiten, und seien sie noch so verborgen, zu entdecken und wertzuschätzen. Je mehr Sie diese Seiten in den Vordergrund Ihres Bewusstseins rücken, umso mehr Chancen geben Sie sich selbst, Ihren Selbstwert wachsen zu lassen.

Wählen Sie einen wohlwollenden Begleiter!

Ich möchte Ihnen eine Methode vorschlagen, die Ihnen im ersten Moment vielleicht ungewöhnlich erscheint, beim zweiten Hinschauen jedoch viel Charme und vor allem große Wirksamkeit entfaltet:

Wählen Sie einen wohlwollenden Begleiter! Oder eine wohlwollende Begleiterin!

Diese Figur steht für Ihre anerkennende Seite in sich. Diese Figur wird Sie auf Ihrem Weg zu größerem Selbstvertrauen begleiten und unterstützen. Selbst wenn Sie jetzt noch am Anfang dieses Weges stehen und diese Figur Ihnen eher klein und mickrig erscheint, ihre Stimme dünn und selten zu hören ist – Sie werden Wege kennen lernen, diese Figur wachsen zu lassen und ihr zu mehr Einfluss und Geltung in Ihrem Leben zu verhelfen.

Vielleicht sollte ich zum besseren Verständnis noch einflechten, dass ich davon ausgehe, dass sich in einer Person viele Seiten der Persönlichkeit versammeln, die ein mehr oder weniger gut eingespieltes Team bilden. Bei Menschen, deren Selbstwert nicht sehr stabil oder nicht sehr stark ist, sind es oft die kritischen, unsicheren und verzagten Seiten der Persönlichkeit, die in dem Team den Ton angeben. Oft kommt noch eine pessimistische, manchmal sogar eine destruktive Seite hinzu. Die anerkennenden oder wohlwollenden, die zuversichtlichen und akzeptierenden Seiten sind dagegen oft sehr schwach oder tief verborgen.

Wie kommt nun die wohlwollende Begleiterin an Ihre Seite? Das kann auf zweierlei Arten geschehen. Zum einen können Sie sich für den wohlwollenden Begleiter eine symbolische Figur wählen. Das kann zum Beispiel ein Teddybär sein oder ein anderes Stofftier, das Ihnen besonders sympathisch ist. Es könnte auch eine andere Figur sein, eine Puppe beispielsweise oder ein (Schutz-)Engel. Das liegt ganz allein an Ihrer Vorliebe und an Ihrem Empfinden. Das Wichtigste bei dieser Wahl ist, dass die Figur, die Sie für sich auswählen, ein großer Sympathieträger ist, von dem ganz viel Wohlwollen und ganz viel Anerkennung ausgehen.

Vielleicht haben Sie ja sogar noch einen Schmusebär, der aus Ihrer Kinderzeit stammt. Meine Patienten mögen Bären als wohlwollende Begleiter sehr gern und wählen sie häufig, weil damit oft viele angenehme, meist auch tröstende und wärmende Erinnerungen verbunden sind. War es nicht der alte Teddy, der mit einem durch dick und dünn ging? Der einen tröstete, wenn die Knie blutig waren, der Mut zusprach, wenn etwas ganz schwierig war? Der jedes auch noch so große Geheimnis kannte und immer noch ein passendes Wort hatte, das einen aufmunterte oder aufrichtete? Lassen Sie Ihrer Phantasie freien Lauf, zögern Sie nicht, auf die Suche nach einem solchen Sympathieträger zu gehen. Manche Menschen müssen nur ins Zimmer ihrer Kinder gehen und dort den alten Stoffbär, der ihnen jahrelang der treueste Begleiter war, aus der Spielecke der Kinder nehmen, wo er inzwischen gelandet ist. Manche Patienten wissen sofort, wie dieses Symbol aussieht, wenn ich ihnen vorschlage, ein Symbol für die wohlwollende Begleiterin zu wählen.

Von kleinen Teddys und großen Bären

Wenn es nicht ein vorhandenes Stofftier oder eine andere schon vorhandene Figur ist, so ist das gewählte Symbol meist klein. Das entspricht ja auch seinem tatsächlichen Einfluss, seiner aktuellen Bedeutung. So ist das eben am Anfang eines solchen Wachstumsprozesses. Ich habe in meinem Praxisraum einen großen und einen kleinen Teddy, beide zusammen verdeutlichen sehr gut, wohin der Weg geht: Am Anfang ist der wohlwollende Begleiter noch wenig einflussreich, das heißt klein, im Laufe der Arbeit am Selbstwert wächst der wohlwollende Begleiter zu stattlicher Größe. Niemand muss sich dann noch Sorgen machen, dass dieser Begleiter nicht wichtig sein könnte.

Mit diesem von Ihnen gewählten Symbol, mit dieser Figur können Sie nun Zwiesprache halten, sich unterhalten, sich Mut machen lassen. Sie steht, um das noch einmal zu verdeutlichen, für die wohlwollende Seite in Ihnen selbst. Eine Figur dafür zu wählen und diese auch sichtbar zu machen, ist ein kleiner psychologischer Trick. Er hilft, dieser zunächst schwachen Seite mehr Geltung zu verschaffen.

Wenn Ihnen die erste, von mir bevorzugte Methode gar nicht behagt, dann gibt es eine andere Möglichkeit: Sie können sich einen wohlwollenden Begleiter ausschließlich mit Hilfe Ihrer Vorstellungskraft an Ihre Seite holen. Dazu schließen Sie gleich, wenn Sie diesen Abschnitt zu Ende gelesen haben, am besten die Augen und stellen sich vor, wie ein solcher Begleiter aussehen könnte. Gemeint ist allerdings dabei nicht, dass Sie sich eine konkrete Person vorstellen, die Sie in Ihrer Vergangenheit als wohlwollend erlebt haben.

Eine konkrete Person wäre zwar prinzipiell auch eine Möglichkeit. Die birgt jedoch das Risiko, dass neben den Erinnerungen an die wohlwollenden Seiten dieser Person sich auch andere, kritische oder schwierige ins Blickfeld schieben können. Denn wir erleben ja nur selten, dass mit einer Person ausschließlich positive Erfahrungen verknüpft sind. Nun soll die Idee des wohlwollenden Begleiters oder der wohlwollenden Begleiterin aber genau das verkörpern. Nur so können wir bei diesem Schritt des Wachstumsprozesses verhindern, dass wieder, wie so oft, Negatives oder Schwieriges ins Blickfeld rückt.

Vielleicht ist für Sie in diesem Zusammenhang die Vorstellung eines guten Trainers oder eines guten Lehrers auch nützlich. Vielleicht haben Sie sich manchmal auch schon einen richtig guten Coach gewünscht, der Sie genau kennt und Ihnen sagt, wo es langgeht. Dann stellen Sie sich so jemanden vor, einen guten Trainer oder Lehrer, einen idealen Coach, der fest überzeugt ist, dass in Ihnen ganz viel Potenzial steckt, das es zu wecken und zu fördern gilt. Wenn dieses Bild in Ihnen richtig lebendig werden kann und Sie sich keinen Gegenstand als Symbol wählen wollen, dann wäre für Sie eine solche vorgestellte Figur Ihre wohlwollende Begleiterin.

Wie auch immer – Sie entscheiden, welche Figur in Ihrer Vorstellungskraft die größte Ausstrahlung, die größte Bedeutung erreichen kann. Und dann wählen Sie diese. Wichtig ist, dass Sie sich diese Figur so gut vorstellen können, dass sie vor Ihrem inneren Auge wie ein Gesprächspartner oder eben Trainer auftauchen und zu Ihnen sprechen, Ihnen Mut machen und Sie auf Ihre starken und zuverlässigen Seiten hinweisen kann. Probieren Sie es jetzt doch einmal aus: Schließen Sie die Augen und stellen Sie sich vor, wie dieser Begleiter, diese Begleiterin aussehen könnte. Oder haben Sie vielleicht schon Ihr Stofftier, Ihren Bären gewählt?

Der wunderschöne Klang der Querflöte

Was machen Sie nun mit diesem Begleiter, oder besser gesagt: Was macht dieser Begleiter mit Ihnen? Jetzt kommt – wie beim Thema Achtsamkeit auch schon – wieder die Arbeitsphase. In der können Sie üben, diesem Teil Ihrer Persönlichkeit Raum zu geben, sich zu entfalten; dieser Stimme in Ihnen die Gelegenheit zu verschaffen, sich mehr und mehr bemerkbar zu machen.

Am Anfang wird die Stimme Ihrer wohlwollenden Begleiterin eher dünn sein, wird sie vielleicht hinter dem Lärm der Selbstzweifel und der Selbstkritik kaum zu hören sein. Eine Musikerin beschrieb das einmal so: »Meine wohlwollende Begleiterin ist wie die Melodie einer Querflöte. Eigentlich ist sie wunderschön anzuhören, aber gemessen an den Trompeten und Posaunen, die in dem Orchester im Moment auch noch spielen, einfach zu wenig einflussreich.« Wie schon bei der Achtsamkeit geht es auch diesmal darum, durch erhöhte Aufmerksamkeit für diese Seite in Ihnen tagtäglich Wohlwollen sich selbst gegenüber zu lernen.

Beispiel

Isas aufreibender Job

Isa hatte als leitende Angestellte einer großen Pharmafirma einen aufreibenden Job, der von großer Konkurrenz unter den Kollegen und Kolleginnen und ewigem Zeitdruck geprägt war. Wir lernten uns kennen, weil sie, nahezu aufgefressen von der nagenden Frage, ob sie für einen so anspruchsvollen Job überhaupt klug und kompetent genug sei, immer häufiger wegen Kopfschmerzen mit ihrer Arbeit nicht rechtzeitig fertig wurde. Ihre betriebsinternen Bewertungen drohten in den Keller zu rutschen, was sie aus nur zu verständlichen Gründen sehr ängstigte. Neben ihren nagenden Zweifeln überschüttete sie sich mit Selbstvorwürfen. Oft eigentlich wegen kleiner Fehler. Die nahm sie sich dann aber so übel, dass sie manchmal für Stunden wie gelähmt war und mit ihren Aufgaben nicht vorwärts kam. Versuche anderer, sie zu trösten oder aufzumuntern, wischte sie vom Tisch mit dem Argument, die könnten ja gar nicht beurteilen, wie katastrophal es auf ihrem Schreibtisch und in dessen Schubladen aussehe. Wenn die wüssten, wie viel sie so im Laufe einer Woche liegen lassen würde, wären die sofort still. Ich lud Isa zu einem Experiment von zunächst zwei Wochen Dauer ein: Ihr innerer Kritiker bekommt Urlaub auf den Bahamas ohne Handy und Internetzugang, sodass sichergestellt ist, dass sie von ihm zwei Wochen lang nichts hört. Stattdessen wählt sie einen überaus treuen, immer wohlwollenden Begleiter, der ununterbrochen in ihrer Nähe ist, sie also auf Schritt und Tritt begleitet und nur das Beste für sie will. Diese Idee brachte Isa zum ersten Mal seit Wochen zum Lachen, denn zum einen musste sie sofort an ihren Chef denken, den sie wohl gern auf eine Insel weit weg gezaubert hätte. Zum anderen erinnerte sie mein Vorschlag an einen lang gehegten Wunsch, einmal in ihrem Leben einen Supercoach zu haben, der ihr sagt, wo es lang geht – so wie die Vorstandskollegen in der Firma, die von ihren Trainingswochenenden »an Leib und Seele geläutert« zurückkämen. Für Isa war also sofort klar: Mein wohlwollender Begleiter ist ein »Supercoach«.

Hendriks Traurigkeit

Beispiel

Ganz anders verlief die Sache bei Hendrik, den meine Frage, ob er sich vorstellen könnte, mal mit Hilfe seiner Phantasie und Vorstellungskraft für eine Weile jemanden ganz nah an seiner Seite zu haben, sehr berührte und zunächst auch sehr traurig machte. Denn zuerst erinnerte ihn diese Frage sehr schmerzlich daran, dass in seinem Leben selten jemand für ihn da gewesen war. Immer mal wieder für kurze Zeit, aber nie länger, nie sicher. Das wusste ich aus früheren Gesprächen schon. Ich wusste aber auch, dass Hendrik eine große Gabe hatte, ganz allein zu spielen, dass er sich als Kind seine ganz eigene Phantasiewelt erschaffen und dass er in dieser Welt viele Gefährten gehabt hatte. Darüber hinaus hatte er eine große Sammlung von Plüschtieren gehabt, die während vieler Jahre alle in seinem Bett übernachtet haben. Da war es nahe liegend zu forschen, ob es unter den vielen Gefährten einen besonders treuen Kumpanen gegeben hat. Und natürlich gab es ihn: Willi, der ewig freundlich brummende Bär. Hendriks Traurigkeit wandelte sich zu wärmenden Erinnerungen, als er mir von seinen Abenteuern mit Willi erzählte. Leider war Willi irgendwann im Lauf der Jahre verloren gegangen, sodass Hendrik ihn für unsere Arbeit nicht an seine Seite holen konnte. Aber der Gedanke, noch einmal so einen treuen Gefährten als Begleiter zu haben, gefiel ihm so gut, dass er losging, um einen Bruder für Willi zu kaufen. So fand er Willi II., der über Monate sein bester Freund war und nicht müde wurde, ihn zu unterstützen, wann immer er Ermutigung brauchte.

Bevor wir zu den konkreten Übungen kommen, ist es vielleicht notwendig, Vorbehalte, Einwände und Gegenargumente noch einen Moment genauer zu betrachten. Solche Einwände klingen etwa so: »Wohlwollen verdiene ich nicht. Ich mache sowieso alles falsch, bin unzulänglich, komme zu spät, ich weiß nicht genug. Ich bin ungeschickt mit Menschen, benehme mich unmöglich; esse zuviel, bin unattraktiv, langweilig. Nein, Wohlwollen kann ich für mich nicht aufbringen. Und wenn andere mir Wohlwollen entgegenbringen, dann täuschen die sich in mir. Die kennen mich überhaupt nicht. Wenn die mich richtig kennen lernen würden, fänden die mich auch unmöglich.«

Solche Einwände höre ich oft. Wenn man beginnt, am Selbstwert zu arbeiten, dann sieht es häufig so aus: Ringsum im Denken und Fühlen hat sich eine gewaltige Mauer von vernichtenden Argumenten aufgetürmt, die das zarte Pflänzchen namens Selbstwert im Keim zu ersticken drohen. Die meisten dieser Argumente kommen vom inneren Kritiker. Mit ihm werden wir uns im nächsten Kapitel genauer befassen. Hier nur so viel: Diesen Kritiker zum Schweigen zu bringen oder zumindest dazu zu bringen, weniger laut zu sein, kann man genauso lernen wie das Wohlwollen sich selbst gegenüber.

Raus aus dem Teufelskreis!

All diese Einwände und Gegenargumente scheinen irgendwie hermetisch geschlossen zu sein: Ich kann kein gutes Haar an mir lassen, und andere, die etwas Positives an mir finden, irren sich, die lassen sich täuschen und sind in jedem Fall im Unrecht. Diesen scheinbar geschlossenen Kreis nenne ich den Teufelskreis der Selbstentwertung. Diesen Kreis kann nur die Person selbst durchbrechen, die in dem Teufelskreis steckt. Denn alles, was von außen kommt, kann die Schranke der Zensur – Sie wissen schon: »ich bin schwach, unzulänglich, alle anderen kennen mich nicht« – nicht überwinden. Oder doch nur gelegentlich für eine kurze Zeit, vielleicht in einem kleinen Detail. Aber grundsätzlich wird das nicht gelingen. Es kann nur jeder selbst entscheiden, den Schritt aus diesem Teufelskreis heraus zu tun und an die Stelle der Selbstentwertung, wenn nicht sogar der Selbstvernichtung, von jetzt an das Wohlwollen zu setzen.

Vielleicht kommt an diesem Punkt noch aus einer anderen Richtung Widerstand. Der hat dann etwas mit dem schlechten Ruf von Eigenlob zu tun. Sich selbst loben? Mit sich selbst zufrieden sein? Nein, das geht auf gar keinen Fall, denn »Eigenlob stinkt«, wie es heißt. Selbstlob führt womöglich zu Trägheit und Selbstzufriedenheit, zu Haltungen auf jeden Fall, die keine positiven Assoziationen wecken.

Auch diesen Einwand höre ich oft, und er erstaunt mich immer wieder. Denn eigentlich ist die Einladung, ein wenig mehr Wohlwollen für sich zu entwickeln, wo doch so gar keines oder nur ganz wenig vorhanden ist, kein Aufruf, überheblich zu werden, sich arrogant zu benehmen oder sich selbstzufrieden zurückzulehnen. Im Gegenteil, realistisch betrachtet besteht für Menschen, die Grund genug haben, ihren Selbstwert zu stärken, überhaupt gar kein Risiko, dass sie über das Ziel hinausschießen könnten. Oder dass sie durch die Überbetonung von Wohlwollen und Anerkennung der eigenen Leistungen zu unausstehlichen, arroganten Mitmenschen werden könnten. Und trotzdem: Bei den meisten Menschen sitzt die Maxime »Eigenlob stinkt« tief. Es braucht Mut, sich von dieser Fessel zu befreien. Und dann braucht es immer wieder Übung, nach dem zu forschen, was an der eigenen Person und im eigenen Handeln Anerkennung und Wertschätzung verdient, und sich diese tatsächlich zuteil werden zu lassen.

Rendezvous mit dem wohlwollenden Begleiter

Wenn Sie sich entschieden haben, sich selbst nicht nur mehr Achtsamkeit, sondern auch wohlwollende und liebevolle Aufmerksamkeit zu schenken, dann ist der wichtigste Schritt gemacht. Aber jetzt kommt noch ein schwieriger Schritt, nämlich der, die Energie und die Zeit dafür aufzubringen. Das ist wie in einer guten Freundschaft, die wachsen soll: Wenn Sie sich mit sich selbst befreunden wollen, brauchen Sie dafür Zeit. Gerade am Anfang, wenn eine Freundschaft noch jung ist, ist das besonders wichtig. Es ist mir klar, dass genau da der springende Punkt liegt, denn die Zeit muss ja irgendwo herkommen. Und wenn man dann auch noch wenig Erfahrung und Übung darin hat, sich auf positive, wohlwollende Art und Weise mit sich selbst zu beschäftigen, dann erscheint einem das möglicherweise nicht nur schwierig, sondern auch wenig attraktiv.

Optimisten leben länger

»In der bis heute umfassendsten Studie wurde 2282 Amerikanern mexikanischer Herkunft aus dem Südwesten der Vereinigten Staaten, die 65 und älter waren, eine Reihe demografischer und emotionaler Tests vorgegeben. Dann wurden sie die folgenden zwei Jahre beobachtet. Positive Emotionalität erlaubt sehr zuverlässige Prognosen über die jeweilige Lebenserwartung und das Invaliditätsrisiko. Werden Einflussgrößen wie Alter, Bildung, Körpergewicht, Tabak- und Alkoholkonsum sowie Krankheit herausgerechnet, reduziert sich die Wahrscheinlichkeit bei glücklichen Menschen, invalide zu werden oder zu sterben, um 50 Prozent.«

Martin E. P. Seligman: Der Glücks-Faktor

Hier muss ich noch einmal auf den Teufelskreis der Selbstentwertung zurückkommen. Für viele Menschen ist die unaufhörliche Selbstkritik und Selbstentwertung wie ein Hamsterrad, in dem sie wirklich viel Zeit verbringen, zum Beispiel, bevor sie eine schwierige Aufgabe in Angriff nehmen: »Wie soll ich das nur machen? Bestimmt fällt mir nicht das Richtige ein, vorsichtshalber lese ich noch mal nach? Oder sollte ich vielleicht doch noch meine Kollegin fragen? Aber wie sieht das dann aus, wenn ich das wieder nicht allein hingekriegt habe? Das ist doch mal wieder typisch, dass ich davor so Angst habe. Meine Kollegin hätte das schon längst erledigt ...« Ehe Sie sich versehen, ist eine halbe Stunde mit Grübeln und Zögern, Rückversicherungen und Ablenkung vergangen. Stellen Sie sich vor, der wohlwollende Begleiter sagt nun in genau dieser Situation: »Komm raus aus dem Hamsterrad. Mach den ersten Schritt, du hast Erfahrung und Kenntnisse genug. Einen kleinen Schritt kannst du machen, es ist auch nicht das erste Mal, dass du eine schwierige Aufgabe meisterst. Vertraue dir, du kannst das schaffen.«

Können Sie sich vorstellen, dass die auf diese Weise angegangene Aufgabe schneller erledigt ist, dass dann unter dem Strich tatsächlich noch Zeit bleibt? Und dass es eine lohnende Sache ist, diese Zeit in die Zwiesprache mit Ihrer wohlwollenden Begleiterin zu investieren? Das lohnt sich so lange, bis Ihre abendlichen Rendezvous zu einer angenehmen Routine geworden sind, die Sie sowieso nicht mehr missen möchten, oder bis Sie das tief vertraute Gefühl haben, Ihren guten Geist in Ihrem Alltag ständig neben sich oder hinter sich zu haben. Also, nehmen Sie sich Zeit dafür. Am besten jeden Tag, auf jeden Fall aber regelmäßig, um Ihren wohlwollenden Begleiter zu treffen und Zwiesprache mit ihm zu halten. Am Ende des Kapitels finden Sie einige Vorschläge, wie Sie das bewerkstelligen können.

Brigittes Briefpartnerin

Beispiel

Als ich Brigitte vorschlug, sich einen guten Gefährten zu wählen, der sie wohlwollend begleitet und in den vielen Situationen Mut macht, in denen sie an ihrem Können zweifelt, wusste sie sofort, wer das sein müsste: ihre kleine, schon völlig abgewetzte Steiff-Tigerkatze, die sie überall dabeihatte, bis sie in die Schule kam.

Dorthin durfte sie nicht mit, und dann ist sie irgendwann auf einem Bücherbord im Kinderzimmer sitzen geblieben. Die »Tigerlilly« ließ Brigitte sich von ihren Eltern schicken, und die alte Freundschaft erneuerte sich sofort. Brigitte fiel es leicht, sich bei der Arbeit mit der wohlwollenden Begleiterin für ein Samstagsritual zu entscheiden. Der Samstag war für sie immer ein besonderer Tag gewesen: Als sie noch ganz klein war, war der Samstag Badetag, später dann Schwimmtag. Und jetzt, in der Studentenzeit, war an diesem Tag eine Leerstelle entstanden, die eigentlich nur darauf wartete, mit einem neuen Ritual gefüllt zu werden. Nun versprach ihr das Samstagsritual einen Freundschaftsbrief von Tigerlilly. Hier ist einer der vielen Briefe von Tigerlilly an Brigitte:

»Meine liebe Brigitte!
Du hast eine schwierige Woche gut hinter dich gebracht und in vielen Situationen, in denen du früher verzweifelt warst, standgehalten und neue Wege gefunden. Was mir besonders gut gefallen hat, das ist, wie du den riesigen Berg von Arbeit in kleine Teile geteilt und dann jeden kleinen Abschnitt prima bewältigt hast. Zwar bist du nicht immer in der Zeit geblieben (das ist ja auch eines deiner größten Probleme, das weiß ich wohl), aber du hast es geschafft, die vielen kleinen Portionen Stück für Stück aneinander zu reihen und nicht zu verzagen, wenn du ins Hintertreffen geraten bist. Was mir auch gut gefallen hat: Trotz all der Arbeit hast du dein Sportprogramm nicht einfach sausen lassen. Zwar bist du nicht wie sonst dreimal in der Woche joggen gewesen, aber immerhin hast du es zweimal geschafft, und das auch noch, obwohl es an einem dieser Tage geregnet hat. Du hast allen Grund, zufrieden mit dir und dieser Woche zu sein.
Ich bin sogar ein bisschen stolz auf dich.
In Liebe,
deine Tigerlilly«

Die wichtigste Aufgabe, die der wohlwollende Begleiter nach und nach in Ihrem Leben erhalten kann, ist – aber das haben Sie ja längst gemerkt – tatsächlich, Sie zu loben und Sie zu ermutigen, auf Ihrem Weg weiterzugehen. Dabei können Sätze zur Ermutigung, wie sie eben wohlwollende Begleiter oder gute Trainer oder auch gute Lehrer reichhaltig in ihrem Repertoire haben, besonders wichtig sein.

Eine kleine Übung:
Nehmen Sie sich, bevor Sie jetzt weiterlesen, einen Augenblick Zeit zum Nachdenken: Was sind Ihre persönlichen Mutsätze? Welche machen Ihnen besonders viel Mut? Welche helfen Ihnen, Zuversicht und gute Laune zu finden? Welche würden Sie gern öfter hören? Belassen Sie es jetzt nicht dabei, sie sich einfach nur in Erinnerung zu rufen. Schreiben Sie Ihre persönlichen Mutsätze auf ein Blatt Papier.

Wenn jetzt nicht allzu viel auf Ihrem Blatt steht, dann schauen Sie doch einmal weiter unten. Dort finden Sie eine kleine Auswahl solcher Mutsätze. Wählen Sie solche Sätze aus, die Ihnen besonders gut gefallen, die Ihnen besonders viel Mut machen. Prägen Sie sich diese Sätze ein wie Vokabeln. Ja, das meine ich ernst. Ich meine, es ist am besten, Sie lernen diese Sätze wie Vokabeln, sodass Sie sie immer und überall parat haben und jederzeit abrufen können.

Rekapitulieren wir noch mal: »Das geht bestimmt schief, das schaffe ich nie und nimmer ...« – solche Sätze sind sofort und jederzeit in unserem Kopf. Die hat die innere Stimme immer für uns parat. Auch fällt es uns nicht schwer, ohne lange zu überlegen, eine ganze Seite voll zu schreiben mit solchen Sätzen. Aber Sätze, die uns Mut machen, sind rar. Deshalb lohnt es sich, das ein bisschen einzuüben.

Ich habe in meiner Praxis einen großen Stapel Vorrat an bunten Karten, auf denen solche Mutsätze aufgeschrieben stehen. Das hat den großen Vorteil, dass man sie nicht nur mit dem inneren Ohr hören kann, sondern man kann sie sehen. In schwierigen Momenten kann man eine Karte in einer schönen Farbe mit einem wohlwollenden Mutsatz darauf lesen und dann am besten noch laut vor sich her sagen. Das verändert die Stimmung, gibt Mut.

Sich selbst mit solchen Mutsätzen zu unterstützen, wie eine gute Trainerin Sie unterstützen würde, wenn Sie eine schwierige

Du kannst dich auf dich verlassen!
Du kannst dich dir selbst anvertrauen!
Du schaffst das!
Beginne mit einem kleinen Schritt!
Du kannst diese Aufgabe meistern!
Du findest einen Weg!
Vertraue dir, du machst das gut!
Du findest eine Lösung!
Jeder kleine Schritt zählt!
Du kannst dir Unterstützung holen!
Du musst nicht alles alleine machen!
Diese Aufgabe kannst du schaffen!
Das kannst du gut genug!
Dieser Anforderung bist du gewachsen!

Aufgabe zu meistern haben – dafür lohnt sich die harte Arbeit, dem liebevollen Begleiter einen festen Platz in Ihrem Leben einzuräumen. Zu dieser Arbeit muss ich noch etwas sagen: Auch wenn es am Ende um Wohlwollen und liebevolles Anerkennen dessen geht, was Sie jeden Tag bewältigen und gut machen – auf dem Weg dorthin ist konsequentes Arbeiten nötig, dem wohlwollenden Begleiter einen verlässlichen Platz in Ihrem Leben einzuräumen. Das geht nicht von selbst, und es geht schon gar nicht nebenher. Besonders wenn man gar keine Übung darin hat, sich selbst wohlwollend zu begegnen, können die ersten Schritte frustrierend sein. Gerade dann ist es besonders wichtig, nicht aufzugeben, »dran zu bleiben« und vor allem nicht zu viel von sich zu erwarten.

Das ist etwa so wie Pilze sammeln. Wenn Sie zum ersten Mal Steinpilze suchen, dann haben Sie vielleicht etwas darüber in einem Pilzbuch gelesen, welchen Standort diese Pilze bevorzugen, wie viel Licht sie brauchen und so weiter. Trotzdem können Ihre Augen sich erst im Wald bei der Suche selbst daran gewöhnen, die verschiedenen Brauntöne von Laub, Holz und Pilzköpfen zu unterscheiden. Und nur durch Übung entwickeln Sie immer größere Fertigkeit und Schnelligkeit, die Pilze zwischen Laub, Holz und Erde zu entdecken.

Übertragen Sie dieses Beispiel auf das Wohlwollen und gestehen Sie sich zu, keine Übung darin zu haben. So leuchtet Ihnen schnell ein, dass es einiges Training braucht, bis Ihnen das Spenden von Anerkennung für sich selbst leicht fällt.

Die stille Viertelstunde mit der wohlwollenden Begleiterin *Vorschlag 1*

Reservieren Sie für die Begegnung mit Ihrer wohlwollenden Begleiterin eine Viertelstunde, besser noch eine halbe, wenn Sie es irgendwie einrichten können. Wunderbar, wenn das jeden Tag klappt. Wenn das unrealistisch ist, legen Sie mindestens einen Termin pro Woche fest, der wirklich verlässlich ist. In dieser Zeit lassen Sie sich von Ihrem wohlwollenden Begleiter erzählen, was er im Laufe des vergangenen Tages oder der vergangenen Tage beobachtet hat, während er Sie begleitet hat.

Dazu einige Anhaltspunkte, was er beobachtet haben könnte:

Was Ihnen gelungen ist oder was Sie gut gemacht haben:
ein schmackhaftes Essen kochen; einen schwierigen Geschäftsbrief verfassen; einen unzufriedenen Kunden freundlich behandeln; die Nerven behalten, wenn der Bus Verspätung hat; nicht aus der Haut fahren, wenn die Kinder nass und mit dreckigen Hosen nach Hause kommen …

Was Ihnen Positives widerfahren ist oder was Ihnen Positives entgegengebracht wurde:
ein Kompliment für ein schönes Kleidungsstück; die stürmische oder liebevolle Umarmung eines Kindes; eine überraschende Einladung zu einem Fest; eine anerkennende Bemerkung einer Kollegin; ein Geschäftstermin, der unerwartet ausgefallen ist und Ihnen so eine freie Stunde beschert hat …

Worüber Sie sich gefreut haben oder wofür Sie dankbar waren:
ein Sonnenstrahl auf einem Tautropfen; herrlich duftender Kaffee; ein ausgelassenes Lachen; ein Moment von Sorglosigkeit; ein Mensch an Ihrer Seite …

Hier noch einige Varianten zu dieser Übung:

Halten Sie das fest, was Ihre liebevolle Begleiterin beobachtet hat, *Variante 1*
am besten in einem kleinen Tagebuch; ich nenne es gerne »Bärenbuch«. Es lohnt sich sehr, sich dafür ein kleines Extrabuch anzuschaffen, das Ihnen besonders gut gefällt. Wenn Sie regelmäßig dort

hineinschreiben, haben Sie schon nach kurzer Zeit eine wertvolle Sammlung von wohlwollenden Gedanken und Beobachtungen, die Ihnen an Tagen, die einfach nicht gelingen wollen, Trost und Wärme schenken können.

Variante 2 Wenn Sie gerne Briefe schreiben oder das Briefeschreiben gern entdecken wollen, lassen Sie Ihren liebevollen Begleiter Ihnen in dieser reservierten Zeit einen Brief schreiben. Der sollte mit »Meine liebe« oder »Mein lieber« und Ihrem Vornamen beginnen und sich ganz direkt an Sie wenden.

Variante 3 Vielleicht schreiben Sie lieber E-Mails. Oft ist die Schreibhemmung beim E-Mailschreiben viel kleiner als bei einem weißen Blatt Papier. Sollte diese Idee Ihnen zusagen, lassen Sie sich von Ihrer wohlwollenden Begleiterin E-Mails schicken und legen Sie sich einen Ordner für diese Mails an.

Vorschlag 2 **Post-it! – Wohlwollende Sätze auf Postkarten**
Wenn Sie Ihrem wohlwollenden Begleiter öfter begegnet sind, werden Sie einige Sätze kennen, die Sie häufiger von ihm hören und die Ihnen besonders gut gefallen. Wählen Sie drei oder vier von diesen Sätzen aus und schreiben Sie sie auf schöne Postkarten. Platzieren Sie diese Postkarten an Stellen, an denen Sie immer wieder vorbeikommen oder sich häufiger aufhalten. Das kann Ihr Frühstücksplatz sein, Ihr Schreibtisch, Ihr Nachttisch oder wo auch immer.
Sie können diese Karten auch wie Lesezeichen oder Memo-Karten nutzen. Legen Sie sie in Ihren Terminkalender oder in die Brieftasche. Das Wichtigste ist, dass Sie immer wieder darauf stoßen. So kommen die anerkennenden Sätze Ihrer wohlwollenden Begleiterin immer wieder in Ihr Bewusstsein.

Vorschlag 3 **Hello Sunshine! – Wohlwollende Sätze auf Handy und PC**
Programmieren Sie den allerstärksten Satz Ihres wohlwollenden Begleiters als Begrüßungstext in Ihr Handy oder in den Bildschirmschoner Ihres Computers.

Aufmunterung am Lieblingsplatz

Noch eine Anregung für Tage, an denen Ihre wohlwollende Begleiterin stumm bleibt, obwohl sie Gelegenheit (und wahrscheinlich auch Anlass) hätte, zu Ihnen zu sprechen: Gehen Sie zu Ihrem Lieblingsplatz in Ihrer Wohnung und lassen Sie sich dort einen Augenblick Zeit. Setzen oder stellen Sie sich ganz still hin und tun Sie nichts anderes, als aufmerksam um sich herum wahrzunehmen, wie Ihr Lieblingsplatz gestaltet ist. Was Ihnen dort besonders gut gefällt, was ihn besonders behaglich oder einladend macht. Sind es die Farben? Oder bestimmte Gegenstände, die Sie dort hingestellt haben? Ist es der gemütliche Sessel, den Sie dort platziert haben? Ist es das Sofa, auf dem Sie sich behaglich niederlassen können? Und nun forschen Sie noch einmal: Kann Ihr wohlwollender Beobachter etwas Anerkennendes sagen zu dem Ort, an dem Sie sich gerade befinden? Oder kann er Ihnen ein wenig Trost spenden und Sie einladen, es sich dort für eine kleine Weile gemütlich zu machen, für eine Weile gut zu sich selbst zu sein?

Wenn Sie gern mehr zu diesem Thema lesen möchten

Martin E. P. Seligman: Der Glücks-Faktor. Warum Optimisten länger leben. Bergisch Gladbach: Bastei Lübbe, 2005.

Irmtraud Tarr Krüger: Vom leichten Glück der einfachen Dinge. Kleine Freuden – große Wirkung. Freiburg: Herder, 2000.

4 Den inneren Kritiker mäßigen

Ulrike und ihr Antreiber

Mein Kritiker ist schon wach, da liege ich noch im Bett und versuche, das Aufstehen noch ein bisschen hinauszuzögern. Aber er treibt mich schon an und schimpft, bevor ich überhaupt die Augen aufgemacht habe. »Du hast dich gestern wieder zu lange rumgetrieben und jetzt deshalb im Bett liegen, das kommt überhaupt nicht in Frage. Steh gefälligst auf, lieg nicht so faul herum und guck, dass du hinter deine Bücher kommst!« So begrüßt er mich. Kaum bin ich im Badezimmer angekommen, grinst er mir aus dem Spiegel entgegen: »Guck dich an, wie du aussiehst! Ränder unter den Augen, leichenblass, du lebst ungesund, wie oft soll ich dir das noch sagen.« Wenn ich mir dann ein gesundes Frühstück mache, lässt er mich in Ruhe, komme ich aber auf die Idee, ein Croissant oder Weißbrot statt Körnerbrot zum Frühstück zu essen, geht es gleich weiter: »Davon wirst du nicht satt, das ist ungesund, denk an dein Gewicht!«, knurrt er mich an, und ich frühstücke mein Franzosen-Frühstück mit schlechtem Gewissen. Wenn ich dann am Schreibtisch über meinen Büchern sitze, ist es für ihn sowieso schon zu spät, denn seiner Meinung nach sollte ich bereits um sieben in aller Herrgottsfrühe am Schreibtisch sitzen und pauken. So geht es den ganzen Tag.

Der Kritiker, dem wir schon mehr als einmal begegnet sind, kann ausgesprochen lästig sein. Ulrike jedenfalls, eine 23-jährige Biologiestudentin, die zu mir wegen Prüfungsängsten kam, fand das Zusammenleben mit ihm ziemlich frustrierend. Und so geht es vielen: Man kann es ihm nie recht machen, er ist nie zufrieden, er ist immer schon vor einem am Ziel und weiß, wie man es hätte besser machen müssen. Und wenn er dann doch mal stumm bleibt, was selten genug vorkommt, dann ist man völlig verunsichert und traut dem Frieden nicht.

Die Beschreibungen ließen sich beinahe endlos fortsetzen. Im Grunde aber gleichen sich die Züge, die der innere Kritiker trägt: Er benimmt sich wie ein Besserwisser, Rechthaber oder Antreiber, manchmal auch wie ein Richter oder strenger Lehrer, oft wie ein Nörgler und ewig Unzufriedener. Er ist hart und unerbittlich, wird nie müde, auf etwas aufmerksam zu machen, was nicht in Ordnung ist oder besser sein könnte. Kein Bereich ist vor ihm sicher, ob es um Leistung geht oder um Ordnung, um Essen, Sport, Aussehen oder Pünktlichkeit. Er hat immer das letzte Wort, ist nur in seltenen Fällen zufrieden zu stellen, und auch dann nur kurz. Der Kritiker führt ein strenges Regime.

Aber wieso tritt ihm eigentlich niemand entgegen, warum hindert, zügelt oder mäßigt ihn niemand? Um diese Frage zu beantworten, muss ich ein wenig ausholen und noch einmal auf das Modell der verschiedenen Persönlichkeitsanteile zurückkommen. Der Kritiker repräsentiert in diesem Modell den Anteil, der die Gesetze macht, die Gebote formuliert und festlegt, was gut und schlecht, richtig und falsch ist. In psychologischen Theorien wird dieser Persönlichkeitsanteil Über-Ich genannt. Das ist die Instanz der Person, die im wahrsten Sinne des Wortes *über* dem Ich steht und Wache hält, damit alles seine Ordnung hat.

Wie kommt es nun, dass dieses Über-Ich oft so streng und unerbittlich ist? Das ist nur zu verstehen, wenn wir berücksichtigen, dass sich diese Über-Ich-Instanz schon früh im Kindesalter zu entwickeln beginnt und dass dabei Liebe und Anerkennung durch die Eltern oder andere wichtige Bezugspersonen eine ausschlaggebende Rolle spielen. Zuwendung durch die Eltern oder nahe Bezugspersonen ist für die Persönlichkeitsentwicklung so wichtig wie Nahrung für den Körper. Liebe und Anerkennung von den Eltern zu erhalten, ist nun sehr oft daran geknüpft, bestimmte Gebote einzuhalten oder Anforderungen und Wünsche der Eltern zu erfüllen.

Das Instanzenmodell der Psychoanalyse Freuds

Sigmund Freud war der Erste, der sich ausführlich mit dem Ich aus psychologischer Sicht befasst hat. Er entwickelte dazu eine Theorie, die auch heute noch von großer Bedeutung ist.
Nach dieser Theorie besteht die menschliche Psyche aus drei Instanzen: Es, Über-Ich und Ich.

Es: Damit bezeichnet Freud die psychische Struktur, in der die Triebe (z. B. Sexualität, Überleben), Bedürfnisse (z. B. Geborgenheit, Liebe) und Affekte (z. B. Neid, Eifersucht) angesiedelt sind. Der größte Teil der psychischen Mechanismen, die im Es entstehen, ist nach Freuds Vorstellungen unbewusst.

Über-Ich: In dieser Struktur finden sich das Gewissen, die moralischen Wertvorstellungen, die Gebote und Normen, die von den Eltern oder anderen wichtigen Bezugspersonen und der Gesellschaft vermittelt und von der Person verinnerlicht (internalisiert) werden. Das Über-Ich leitet idealerweise das Ich.

Ich: Das Ich repräsentiert die regulierende oder vermittelnde Instanz zwischen Es und Über-Ich. Bei Freud ist es die Struktur, die dem Bewusstsein nahezu vollständig zugänglich ist. Sie ist für Denken, Erinnern, Handeln und Fühlen zuständig.

Sigmund Freud: Das Ich und das Es

Ein Beispiel, das Ihnen sicher bekannt vorkommt: Den Eltern sind die schulischen Leistungen ihres Kindes sehr wichtig, und das hat ja auch in der Regel gute Gründe: Weil sie sich für ihre Kinder gute Berufschancen wünschen, weil die Kinder es einmal besser haben sollen als sie selbst, weil die Kinder »das Zeug zu guten Noten haben« etcetera. Da geschieht es schnell – und meist übrigens auch unbemerkt –, dass das Wohlwollen für das Kind und die Anerkennung der Leistung des Kindes an gute Noten geknüpft wird. Und wenn die Noten mal wieder oder, schlimmer noch, häufig nicht gut sind, dann stellt sich Enttäuschung ein, vielleicht gibt es sogar Vorwürfe. Damit macht das

Kind die Erfahrung: So wie ich es mache, wie ich bin, ist es nicht richtig, bin ich nicht richtig. Die logische Folgerung: Um Lob und Anerkennung zu bekommen, muss ich es so machen, wie Vater und Mutter es erwarten, also strenge ich mich an, ihre Wünsche zu erfüllen.

Bei dieser Anstrengung hilft nun das Über-Ich, indem es die Anforderungen der Eltern übernimmt und künftig wie die eigenen Regeln behandelt; in der psychologischen Terminologie heißt das Internalisierung. Wenn die Ansprüche nicht völlig überzogen sind – dazu später mehr –, dann erhöht der Prozess der Internalisierung die Wahrscheinlichkeit, dass Kinder sich genau so verhalten, wie es die Eltern erwarten. Und schließlich, sozusagen am Ende dieses Prozesses, sind es die eigenen Regeln, Normen und Wertsetzungen, die das Handeln bestimmen.

Dieser Prozess der Internalisierung, der sehr vielschichtig ist und oft verdeckt abläuft, findet hauptsächlich zwischen dem vierten und achten Lebensjahr statt. In dieser Zeit lernt das Kind im Wesentlichen, an welche Bedingungen Anerkennung und Liebe, Wohlwollen und Lob der Eltern geknüpft sind. Anders herum: Das Kind sieht gleichsam im Spiegel der Wertschätzung durch die Eltern, welche Eigenschaften und Leistungen überhaupt zu einer liebenswerten Person gehören. Diese Übertragung der Werte und Normen der Eltern auf die Persönlichkeitseigenschaften oder Merkmale einer Person ist der wichtigste Schritt für die Entwicklung des Selbstwerts.

Dabei sind manche dieser Bedingungen klar und werden von den Eltern ausgesprochen, etwa: »Ich habe mein fleißiges Mädchen besonders gern.« Andere gelten, ohne je ausgesprochen zu werden, beispielsweise: »Ich habe es am liebsten, wenn du mir keine Arbeit machst und schon ganz früh selbstständig bist.«

Nun bleiben wir ja nicht in unserer Persönlichkeitsentwicklung auf dem Stand eines Achtjährigen stehen. Was geschieht also mit den internalisierten Normen, wenn wir erwachsen werden? Ein Teil dieser Normen wächst mit, das heißt, mit der Pubertät setzt für einen Teil die kritische Überprüfung ein. Diese dauert oft bis ins Erwachsenenalter. Von manchen Normen kann man sich gut verabschieden und selbst neue definieren, die den eigenen Bedürfnissen, Lebensverhältnissen und individuellen Möglichkeiten entsprechen. Welche Normen wie revidiert, welche neu definiert werden, das ist individuell sehr unterschiedlich, hängt aber auch von gesellschaftlichen Bedingungen und Entwicklungen ab.

Ein Bereich, in dem heute viele Menschen ihre Wertvorstellungen zwischen den Generationen wechseln, ist die Religion. Die meisten unserer Großeltern hielten den sonntäglichen Kirchgang und die wöchentliche Beichte noch für ganz selbstverständlich. Schon ihre Kinder, unsere Eltern also, haben diese Regel, die so unumstößlich schien, gelockert oder ganz abgestreift.

Im Leistungsbereich ist die kritische Auseinandersetzung, Neuformulierung oder Anpassung an die eigenen Vorstellungen und Möglichkeiten oft viel schwieriger und geschieht nach meiner Erfahrung auch viel, viel seltener. Was auch nicht verwunderlich ist, weil gute Leistungen nicht nur Wohlwollen, Lob und Anerkennung durch die Eltern versprechen, sondern in der Regel auch mit gesellschaftlicher Anerkennung verbunden sind. Diese kann sich in beruflichem Erfolg, höherem sozialen Status oder größerem materiellen Besitz äußern. In jedem Fall aber sind die mit hoher Leistung verbundenen Konsequenzen oft für die Person selbst so attraktiv, dass sie darüber möglicherweise vergisst, kritisch zu prüfen, ob diese Standards ihr auch wirklich gut tun.

Wenn die Messlatte zu hoch liegt

An dieser Stelle kommt der maßlose Kritiker wieder ins Spiel. Die am Anfang des Kapitels erwähnte Biologiestudentin erkannte während unserer gemeinsamen Arbeit in den vielen scharfen Kritikersätzen die Stimme ihres erfolgreichen Vaters. Der hatte sich mit großer Disziplin und Härte gegen sich selbst aus einfachen Verhältnissen herausgearbeitet und ist heute ein erfolgreicher und angesehener Wissenschaftler. Die Patientin, seine Lieblingstochter, hat ihren Vater immer sehr bewundert für seine Selbstdisziplin – wen überrascht es da, wenn sie ihm nacheifert –, versucht, genau so zu sein wie er und so Liebe und Anerkennung des viel beschäftigten und bewunderten Vaters zu bekommen.

Aber schauen wir einmal, was eigentlich schädlich daran ist, hohe Anforderungen zu haben oder streng mit sich zu sein. Vielleicht sind Sie sogar schon ungehalten und widersprechen innerlich heftig. Schließlich sind die Ziele, die wir uns setzen, die Erwartungen, die wir selbst oder andere an uns stellen, ja auch Herausforderung und Ansporn weiterzukommen, sich zu entwickeln und manchmal sogar über den Durchschnitt, das Normale hinauszukommen.

Das ist alles völlig richtig und muss unbedingt seinen Platz haben. Aber es geht ja auch nicht um das, was man landläufig »gesunden Ehrgeiz« nennt. Denn wir beschäftigen uns mit etwas anderem, nämlich mit den überzogenen Forderungen, den nicht erfüllbaren Ansprüchen. Mit der Härte und Strenge, die dem Selbstwert schadet. Hier geht es um jenen Teil von Anforderungen, die das Ich entmutigen und die vielleicht sogar die Hoffnung auf Entwicklung und positive Veränderung im Keim ersticken.

Schauen wir uns noch einmal das Beispiel der Biologiestudentin an. Ich habe diese Patientin als begabte und intelligente, lernbereite junge Frau kennen gelernt. Nach den bisherigen Noten zu urteilen und auch nach meinem Eindruck aus den vielen Stunden, die wir miteinander gearbeitet haben, hatte sie alle Chancen, ein überdurchschnittliches Examen abzulegen und in ihrem Beruf erfolgreich zu sein. Trotzdem zweifelte sie unausgesetzt an ihrem Können, an ihrer Intelligenz, an ihrer Konzentrationsfähigkeit, letztlich an allen ihren intellektuellen Qualitäten. Und dass sie durchweg gute Testatnoten und sogar ein Stipendium bekommen hatte – all das zählte für sie nicht. Aber warum nicht? Weil das, was sie von sich verlangte, im Vergleich zu dem Erreichten einfach nicht genug war. In dem von ihr zunächst gar nicht bemerkten Vergleich mit den Leistungen des überdurchschnittlich erfolgreichen Vaters war natürlich ein gutes Examen nicht gut genug, ein Tag mit sechs Stunden Lernen gemessen an den zehn Stunden, die ihr Vater von sich verlangt hätte, nicht ausreichend.

Strategien der Kritiker I:

- **Unfaire Vergleiche anstellen**
  Mein Chef hätte diesen Kunden einfach abblitzen lassen und sich nicht weiter mit ihm herumgeärgert.
  Meine Chefin hätte dieses Problem in der Hälfte der Zeit gelöst.

- **Mit zweierlei Maß messen**
  Meine Freundin kann sich so einen Patzer leisten, die ist ja total souverän.
  Zur Freundin: Das Essen versalzen, das kann doch jedem mal passieren, das ist doch nun wirklich nicht so schlimm – zu sich selbst: Das Essen ist versalzen – wie konnte mir das nur passieren?

- **Negative Gedanken anderer lesen**
  Wenn ich jetzt den Rapport nicht flüssig hinkriege, denkt die Chefin bestimmt, ich sei nicht gut vorbereitet.
  Wenn ich nicht pünktlich zu dem Termin erscheine, denken meine Kolleginnen, das Thema sei mir nicht wichtig.

- **Übertriebene Verantwortung fordern**
  Wenn ich den Fahrdienst für das Nachbarskind nicht mit übernehmen kann, muss ich organisieren, wie das Nachbarskind zum Geburtstag kommt.
  Wenn ich den Kuchen für das Schulfest nicht backen kann, muss ich dafür sorgen, dass es jemand anderer für mich tut.

Ich kann es auch anders formulieren: Die Messlatte, mit der ihr Kritiker herumlief und ihre Leistungen beurteilte, und nicht nur ihre Leistungen, sondern auch ihren Lebensstil, diese Messlatte lag für diesen Menschen einfach zu hoch. Das passte nicht zusammen, war unangemessen. Und überhaupt keine Aussicht zu haben, den Sprung über die Messlatte zu schaffen, immer nur zu sehen, wie unerreichbar das Ziel ist – das ist schädlich für den Selbstwert. Das verhindert die Anerkennung dessen, was dieser Mensch leistet.

Erinnern Sie sich noch an das erste Kapitel? Auch da ging es schon einmal um Vergleiche, und zwar speziell um die selbstwertschädigende Wirkung von Vergleichen, wenn diejenige Person oder dasjenige Kriterium, das zum Vergleich herangezogen wird, unerreichbar ist. Hier liegt die Sache ganz ähnlich. Der ewig unzufriedene Kritiker ist nicht fair, wenn er mit anderen vergleicht, und auch sonst setzt er eine Reihe von Strategien ein, bei denen eigentlich schon vorher klar ist, dass man schlecht abschneiden wird.

Strategien der Kritiker II:

■ Perfektionistische Ansprüche stellen
Beim Geburtstag darf ich nur selbst gebackenen Kuchen reichen.
Ich kann unmöglich mit handschriftlichen Aufzeichnungen zu dem Besprechungstermin gehen.

■ Positives externalisieren, Negatives internalisieren
Wenn Ihnen etwas gelungen ist: Ich hab halt Glück gehabt, es sind viele günstige Faktoren zusammengekommen.
Wenn Ihnen etwas misslungen ist: Das hätte ich besser vorbereiten müssen.

■ Alles-oder-Nichts-Denken
Wenn ich den Schreibtisch nicht komplett aufgeräumt kriege, brauche ich gar nicht erst anzufangen.
Wenn ich zu dem Fest nichts beitragen kann, brauche ich gar nicht erst hinzugehen.

■ Generalisieren
Wenn Ihnen ein Kundengespräch aus dem Ruder gelaufen ist: Ich bin einfach unfähig zum Kundenkontakt, das ist der völlig falsche Platz für mich.
Wenn Ihnen der Schraubenzieher abbricht: Ich habe einfach zwei linke Hände, ich bin technisch eine Null.

Jetzt kommen wir zu einem ganz schwierigen Punkt. Denn jetzt geht es in dem ganzen Prozess darum, anzuerkennen, dass die Ansprüche unseres Kritikers, also letztlich unsere eigenen Erwartungen an uns selbst, dass diese Ansprüche in einigen, vielleicht sogar in vielen Punkten zu hoch sind. Vielleicht müssen wir anerkennen, dass es Ziele gibt, die wir, so wie wir sind, ziemlich wahrscheinlich nicht erreichen werden. Das ist wirklich schwierig. Manchmal ist es sogar wie eine Kränkung, sich selbst einzugestehen, dass man den Sprung über diese Messlatte nie schaffen wird.

Nun gibt es zwei Möglichkeiten, wie wir darauf reagieren können. Entweder man bleibt bei der hohen Messlatte und nimmt in Kauf, sie immer wieder zu reißen, statt diese Höhe zu meistern. Vielleicht mit dem gelegentlichen Glück, es doch einmal, und wenn auch nur ganz kurz und unter enormer Anstrengung, zu schaffen. Die andere Möglichkeit besteht darin, die Messlatte tiefer zu legen, die Ansprüche zu reduzieren – und damit tatsächlich die Chance zu haben, den eigenen Ansprüchen zu genügen.

Für welche Möglichkeit sich jemand entscheidet, das steht und fällt mit der Antwort auf eine ganz wichtige Frage: »Kann ich mich auch dann wertvoll, kann ich mich auch dann liebenswert finden, wenn ich mir eingestehe, dass ich die hohen Ziele, die hohen Erwartungen, die ich mir selber stecke, nicht erreiche? Bin ich auch dann wertvoll und liebenswert, wenn ich weniger leiste (dafür aber nicht dauernd an mein Limit gerate und ständig mit mir unzufrieden bin)?«

Um es noch einmal ganz deutlich zu sagen: Es geht nicht darum, jedes Streben nach Leistung oder das Erreichen von Zielen aufzugeben, es geht nicht darum, jede Anstrengung zu vermeiden oder jeden Anspruch an sich selbst aufgeben. Es geht vielmehr darum, das richtige Maß zu finden. Eines, das die Aussicht enthält, Ansprüche an sich selbst auch einzulösen, mit den eigenen Leistungen zufrieden zu sein. Es geht darum, die eigenen Möglichkeiten auszuschöpfen und gleichzeitig die eigenen Grenzen anzuerkennen.

Rassiger Araberhengst oder gutmütiger Haflinger?

Ich benutze für diesen schwierigen Moment in der Arbeit gerne das Bild eines Reitstalls. Vielleicht finden auch Sie es hilfreich und anregend. Also: Der Kritiker schickt uns einen Araber in die Reithalle und feuert uns an, auf dieses stolze Pferd zu steigen und endlich zu zeigen, was in uns steckt und eine gute Figur zu machen. Und in unserer Phantasie gefällt uns das ja auch, auf einem stolzen, hohen, eleganten, schnellen, rassigen Pferd zu sitzen und eine gute Figur zu machen... Wenn wir uns aber nun schon dabei abmühen, auf das hohe Pferd hinaufzukommen, und wenn vielleicht unsere Beine zu kurz sind, wenn das Pferd auch noch nervös wird, weil wir uns so ungeschickt anstellen und immer wieder runterrutschen – vielleicht ist es dann besser, wir wählen aus den vielen Pferden, die in diesem Reitstall stehen, ein anderes aus. Eines, das nicht so hochbeinig, vielleicht auch nicht ganz so nervös ist. Zugegeben, ein Haflinger ist nicht so elegant, nicht so schnell. Aber wer sagt denn, dass wir damit nicht ganz prima unsere Runden drehen können und unseren Spaß haben? Das wäre eigentlich eine tolle Sache, tatsächlich hochzukommen auf den Rücken des Pferdes, dort sitzen zu bleiben und nicht dauernd Angst haben zu müssen, wieder herunterzurutschen und im Sand zu landen.

Den inneren Kritiker zu mäßigen, setzt deshalb zunächst einmal die Bereitschaft voraus, ein kleineres und damit weniger anspruchsvolles Pferd zu wählen. Sie können auch sagen: die eigenen Idealvorstellungen vom hohen Ross herunterzuholen. Und dann bedeutet es tagtägliche Arbeit, mit dem zufrieden zu sein, was Sie auf dem kleineren, nicht so rassigen, nicht so schnellen Pferd erleben. Akzeptierend und wohlwollend auf Ihre Leistungen und Ihre Grenzen zu schauen. Dabei kann Ihnen Ihre wohlwollende Begleiterin jeden Tag eine große Hilfe sein.

Vorschlag 1

Kritikersätze sammeln

Zunächst einmal ist es wichtig, überhaupt erst die Kritikersätze kennen zu lernen und ihre Macht zu identifizieren. Am besten gehen Sie folgendermaßen vor: Entscheiden Sie für einen oder mehrere Tage, in welchem Lebensbereich Sie besonders aufmerksam darauf achten wollen, wie sich der Kritiker in Ihr Handeln einmischt oder Ihr Handeln kommentiert. Das könnte zum Beispiel Ihre Arbeit im Büro sein oder Ihre Arbeit im Haushalt, Ihr Essen, Ihre Freizeit, Sport und Bewegung. Wenn Sie den Bereich ausgewählt haben, machen Sie eine Liste, die Sie möglichst bei sich tragen, damit Ihnen nur ja kein Satz des Kritikers entgeht. Versuchen Sie, sobald Sie die Stimme des Kritikers hören, aufzuschreiben, was er sagt. Machen Sie das einen oder mehrere Tage und schauen Sie sich danach an, was immer wieder auftaucht, welche Ansprüche Ihr Kritiker anmeldet.

Variante

Wenn Sie sich nicht auf einen bestimmten Bereich beschränken wollen, können Sie auch anders vorgehen. Sie legen einen bestimmten Zeitraum fest, zum Beispiel einen halben oder einen ganzen Tag, und notieren alle Sätze, mit denen Ihr Kritiker sich einmischt oder zu Wort meldet. Aber Achtung: Wenn Ihr Kritiker eine sehr starke Persönlichkeit ist, wird er sich dauernd einmischen, die Liste wird möglicherweise sehr lang sein, und das kann sehr entmutigend wirken. Wenn Sie diese Wirkung spüren, treffen Sie eine Gegenmaßnahme und schauen Sie in Ihr Tagebuch der wohlwollenden Begleiterin, mit der Sie inzwischen schon eine ganze Weile Zwiesprache gehalten haben. Deren Sätze können ein gutes Gegengewicht zu der Sammlung von Kritikersätzen sein.

Vorschlag 2

Welche Strategien setzt Ihr Kritiker ein?

Analysieren Sie, welche Strategien Ihr Kritiker, Ihre Kritikerin besonders häufig benutzt. Welche sind besonders wirkungsvoll? Welche fürchten Sie am meisten? Erinnern Sie manche Sätze an solche, die Sie von Ihren Eltern gehört haben?

Dem Kritiker Widerworte geben Vorschlag 3

Wenn Ihr Kritiker oder Ihre Kritikerin wieder einmal den Mund überhaupt nicht halten kann, es ewig besser weiß und immer das letzte Wort haben muss, dann geben Sie Widerworte. Lassen Sie sich nichts gefallen und schneiden Sie ihm kurz und frech das Wort ab oder verbieten Sie ihm einfach den Mund.

Alte Elternsätze und Elterngebote aufspüren Vorschlag 4

Diese Übung ist sehr hilfreich, um die Wurzeln der vielen aktuellen Kritikersätze zu verstehen. Sie benötigen dafür eine Weile Zeit und Ruhe, damit Sie ungestört arbeiten können. Legen Sie sich einen Stift und Papier bereit, sodass Sie gleich anfangen können zu schreiben, wenn Sie Ihre Phantasiereise beendet haben.
Die Übung besteht aus zwei Teilen. Die erste ist eine Phantasiereise in Ihre Kindheit, in der Sie die wichtigsten Erziehungs- oder Gebotssätze Ihrer Eltern gehört haben. Im zweiten Teil schreiben Sie diese Sätze aus Ihrer Erinnerung auf und prüfen dann, welche Bedeutungen diese Sätze heute noch in Ihrem Leben haben.

■ Für den ersten Teil lade ich Sie zu einer kleinen Phantasiereise ein. Wenn Sie diesen Abschnitt gelesen haben, schließen Sie am besten die Augen und versuchen, vor Ihrem inneren Auge Bilder entstehen zu lassen und Erinnerungen wachzurufen an die Zeit zwischen Ihrem vierten und Ihrem achten, neunten oder zehnten Lebensjahr. Stellen Sie sich zuerst vor, wie Sie ausgesehen haben in dieser Zeit, wo Sie gelebt haben, mit welchen Menschen Sie zusammen waren, welche Personen für Sie wichtig waren. Versuchen Sie so, Phase um Phase oder Lebensjahr um Lebensjahr durchzugehen. Manchmal ist es hilfreich, sich erst die Kindergartenzeit und dann die erste, zweite und dritte Grundschulklasse vorzustellen, manchmal ist es aber auch leichter, sich an Geburtstagen oder anderen wichtigen Lebensereignissen zu orientieren, die diese Zeit strukturiert haben. Und nun versuchen Sie, sich möglichst lebendig zu erinnern: Welche Sätze haben Sie von den wichtigen Personen um Sie herum, von Vater, Mutter, vielleicht von der Großmutter oder einem einflussreichen Lehrer gehört? Welche Regeln haben gegolten? Was war erlaubt, was verboten? Welche Botschaften oder Leitsätze haben Sie gehört, was galt un-

ausgesprochen? Lassen Sie sich Zeit, die Erinnerungen wachzurufen, und beginnen Sie erst zu schreiben, wenn Sie das Gefühl
haben, dass keine weiteren Erinnerungen mehr auftauchen.

■ Jetzt kommt der zweite Teil: Machen Sie als Erstes eine Liste der
Gebote oder Elternsätze oder Botschaften, die Sie gehört oder die
unausgesprochen gegolten haben. Schreiben Sie jeweils dazu,
von wem dieser Satz stammt.

■ Jetzt folgt der nächste Schritt: Wenn die Liste fertig ist, nehmen
Sie sich Zeit, sie noch einmal in Ruhe durchzulesen und auf sich
wirken zu lassen. Welche Gefühle rufen diese Sätze und Gebote in
Ihnen wach? Haben sie Sie unterstützt und gefördert, in Ihrem
Selbstvertrauen gestärkt? Oder haben sie Sie eher eingeschüch-
tert oder bedroht? Haben die Sätze Ihnen Kraft und Mut gegeben? Tun sie das vielleicht heute noch? Oder haben sie Sie eher
entmutigt und haben sie diese Wirkung vielleicht heute noch für
Sie?

■ Versuchen Sie als Nächstes, die Sätze nach folgenden beiden Ge-
sichtspunkten zu ordnen:

(1) Hat mich unterstützt und gestärkt; möchte ich auch heute
noch, vielleicht in abgewandelter Form, für mich gelten lassen.

(2) Hat mich nicht unterstützt, vielleicht sogar geschwächt;
möchte ich entrümpeln.

Wenn Sie das geschafft haben, sind Sie weit gekommen. Sie haben
eine gute Übersicht über selbstwerthinderliche und selbstwertför-
derliche Leitsätze in Ihrem Leben. Sie können nun schauen, ob Sie
diese Sätze, vielleicht in unterschiedlich abgewandelten Formen,
wiedererkennen, wenn Ihr innerer Kritiker sich zu Wort meldet.

Vorschlag 5 **Lernen, schädliche und hilfreiche Kommentare des Kritikers
zu unterscheiden**

Achten Sie wieder für eine Weile auf die Sätze Ihres Kritikers. Versuchen Sie jedes Mal zu entscheiden: Handelt es sich um unterstüt-
zende und hilfreiche Worte – oder schwächt Sie dieser Kommentar?
Entmutigt er Sie oder was hat er sonst für eine Wirkung? Wenn Sie
einen Satz der zweiten Kategorie hören, setzen Sie dem sofort einen
Satz Ihrer wohlwollenden Begleiterin entgegen. Werden Sie nicht

müde, das immer wieder im Laufe des Tages zu tun und auf verschiedenste Situationen anzuwenden. Die meisten Menschen sind erstaunt, wie häufig ihr wohlwollender Begleiter dem Kritiker etwas entgegenhalten kann.

Wenn Sie gern mehr zu diesem Thema lesen möchten

François Lelord & Christophe André: Die Kunst der Selbstachtung. 3. Auflage. Leipzig: Gustav Kiepenheuer, 2005.

Hans-Martin Lohmann: Sigmund Freud zur Einführung. 5. Auflage. Hamburg: Junius, 2002.

5   Den Faulpelz rehabilitieren

In dem Zusammenspiel der verschiedenen inneren Kräfte, das wir bisher betrachtet haben, hat noch ein Dritter eine Rolle. Auf dessen Erscheinen haben Sie sicher schon gewartet: der Faulpelz. Man könnte ihn auch etwas drastischer »den inneren Schweinehund« nennen, aber ich möchte bei der freundlicheren Formulierung bleiben. Sie werden sehen – auch der Faulpelz verdient einen wohlwollenden Blick, auch er kann liebevolles Verständnis besser vertragen als rigorose Ablehnung.

Schauen wir uns doch mal einen typischen Morgen der Biologiestudentin Ulrike an: Der Kritiker ist früh aufgestanden, wenn er überhaupt geschlafen hat, und kommandiert herum: Los, los, aufstehen, frühstücken, funktionieren, keine Zeit verlieren. Und so geht es weiter. Was tippen Sie, was macht Ulrike? Richtig – sie blinzelt kurz ins Licht, und dann knipst sie den Wecker aus, den sie, um den Kritiker zum Schweigen zu bringen, vorsorglich eine Stunde früher hat klingeln lassen, um endlich mal richtig früh am Schreibtisch zu sitzen. Das Ergebnis: Ulrike steht nicht um 7 Uhr auf, was sie sich forsch vorgenommen hatte, sie steht auch nicht um 8 Uhr auf, was für sie realistisch und wahrscheinlich auch sinnvoll gewesen wäre, nein, sie steht um 9 Uhr auf, weil sie ja den Wecker um 7 Uhr ausgeknipst hatte und noch einmal fest eingeschlafen ist.

Da hatte unverkennbar der Faulpelz seine Finger im Spiel. Der betätigt sich nämlich gern als Bremser, wenn der Kritiker es allzu sehr übertreibt und mit seinen überzogenen Forderungen wieder mal keine Luft zum Atmen lässt.

Den Mechanismus, der diesem unseligen Spiel zugrunde liegt, hat ein Patient während unserer Arbeit einmal so beschrieben:

»Wenn ich diese Latte von Forderungen anschaue, was ich an dem Tag alles leisten soll – aber ganz fix und ohne zu zucken und im Ergebnis natürlich eins a Spitze – dann krieg ich es so mit der Angst zu tun, dann steig ich voll in die Eisen. Ich weiß ja vorher schon, dass ich es nicht schaffe. Also was soll's dann überhaupt? Dann mache ich mir doch lieber erst mal einen Kaffee und verschiebe die unangenehmen Sachen auf später. Oder vielleicht gleich auf morgen...«

Wahrscheinlich kennen Sie das von sich selbst auch: Sich einen riesigen Berg Arbeit vorgenommen zu haben, der im Grunde in der Zeit, die zur Verfügung steht, nicht zu schaffen ist. Und dann schieben Sie die Sache vor sich her, finden immer einen anderen Grund, nicht sofort damit zu beginnen.

Aber der Haken an der Sache ist, Sie fühlen sich gar nicht wohl dabei, hadern mit sich selbst und können die gewonnene Zeit gar nicht genießen, selbst wenn Sie sie tatsächlich mit Kaffeetrinken und Nichtstun verbringen. Diese Art von Faulheit ist nämlich leider gar nicht wohltuend. Drastisch ausgedrückt: Der Faulpelz lümmelt auf der Terrasse im Liegestuhl herum und lässt sich die Sonne auf den Pelz brennen, während drinnen jede Menge Arbeit auf ihn wartet.

Wenn unser Wille bockt wie ein störrischer Esel

Wenn wir uns das genauer ansehen, ist es gar nicht verwunderlich, dass unser Wille bockt. Er führt sich auf wie ein störrischer Esel, der einen steinigen, steilen Berg hinaufgetrieben wird, ohne Aussicht auf Dank, ohne Aussicht auf Rast und vor allem ohne Aussicht auf ein Ende der Mühsal. Gerade deshalb ist manchmal dieses Stehenbleiben und Ausscheren aus dem Trott wie eine Notbremse, ohne die es ewig so weitergehen würde. Oben angekommen auf dem Berg, warten nicht Lohn und Dank, oben wartet der nimmermüde Kritiker. Und der legt die Latte, sobald die angepeilte Marke in Sicht ist, gleich wieder höher.

Wofür könnte sich die Anstrengung also lohnen? Wenn doch

kein Ende der Forderungen in Sicht ist? Für die erledigten Aufgaben, könnte man sagen. Das ist auf jeden Fall richtig. Aber wenn die Freude über die erledigten Aufgaben dann unter einem Berg neuer Pflichten verschwindet, ist der Gewinn eben nicht attraktiv genug, um die Ärmel sofort hochzukrempeln und sich an die meist unangenehmen Aufgaben zu machen.

Kein Wunder also, dass der Faulpelz immer wieder Anlass findet, sich in die Sonne zu legen, was er übrigens immer zusammen mit seinem Kumpan, dem schlechten Gewissen, tut. Denn, das sei noch einmal betont, gut fühlt sich der Faulpelz bei seinem Tun überhaupt nicht. Dazu ist die strenge Stimme des Kritikers in seinem Ohr viel zu laut.

Können Sie sich vorstellen, was geschieht, wenn Ihr Kritiker lernt, einen maßvolleren Ton anzuschlagen? Können Sie sich vorstellen, was geschieht, wenn nach getaner Arbeit, nach erfüllten Pflichten oder erledigten Aufgaben Lob, Anerkennung und eine Pause folgen? Eigentlich ist es klar. Dann gibt es nicht mehr so viel Anlass, die Notbremse zu ziehen und gegen den Kritiker zu opponieren, dann gibt es weniger Anlass, so zu tun, als hörte man den Antreiber nicht.

Dieses Spiel von herrischem Antreiber und störrischem Bremser lässt sich allerdings nur unter einer Bedingung unterbrechen: Sie müssen den Faulpelz rehabilitieren! Ihn aus dem schlechten Licht herausholen, in das er zwangsläufig durch sein Opponieren gegen den übermächtigen Kritiker geraten ist. Denn auch der Faulpelz vertritt eine wichtige Seite unserer Persönlichkeit. Diese Instanz hilft, Luft zu holen, Kraft zu schöpfen, zu regenerieren, gesund zu bleiben.

Wird diese Instanz über längere Zeit rücksichtslos behandelt und vernachlässigt, tritt Schaden ein. Manchmal ist er körperlicher Natur wie etwa beim Herzinfarkt, bei chronischen Kopf- oder Magenschmerzen, bei Schlafstörungen. Oft äußert sich der Schaden auf der seelischen Ebene. Dann leiden die Menschen unter Konzentrationsstörungen und Antriebslosigkeit, wenn die Überforderung anhält, kann die schwerwiegende Form der Erschöpfungsdepression auftreten. Im Beruf können Personen, die

dem Faulpelz nicht ausreichend Platz einräumen, Burn-out erleben, das Gefühl des Ausgebranntseins, des kompletten Energie-
und Ideenmangels.

Biorhythmus und Regeneration

Chronobiologie und Chronomedizin, zwei Wissenschafts-
zweige, die zunehmend an Bedeutung gewinnen, beschäftigen
sich mit der Erforschung von rhythmischen und zyklischen
Veränderungen von Lebewesen und Organismen. Für den
Menschen und die meisten Säugetiere gilt der circadiane
Rhythmus mit einer 24-stündigen Periodik für eine Reihe
komplexer Funktionen als gesichert. So schwanken beispielsweise die Aufmerksamkeitsleistung, die Hormonkonzentration,
die muskuläre Leistung, der sexuelle Antrieb sowie die Körper-
temperatur im Verlauf von 24 Stunden beträchtlich.

Hier einige Beispiele für biologische Hochs und Tiefs im
Tagesverlauf:

00:00–04:00 h	Die meisten Kinder kommen zur Welt.
02:00–03:00 h	Autofahrer sehen am schlechtesten.
04:00–05:00 h	Der Blutdruck ist am niedrigsten.
08:00–09:00 h	Es werden die meisten Geschlechtshormone ausgeschüttet.
09:00–09:30 h	Die Haut ist am empfindlichsten gegen Spritzen.
10:00–12:00 h	Das Gehirn ist am aktivsten.
13:00–14:00 h	Es wird die meiste Magensäure gebildet.
15:00–16:00 h	Die Fingerfertigkeit ist am größten.
16:00–18:00 h	Die Lunge atmet am intensivsten.
17:00–19:00 h	Geschmack, Gehör und Geruch sind am sensibelsten.
18:00–20:00 h	Die Leber baut Alkohol am besten ab.
22:00–23:00 h	Das Immunsystem ist am aktivsten.

Rainer Schandry: Biologische Psychologie

Der Müßiggang, für den ich hier werbe, genießt leider in unserer Hochleistungsgesellschaft einen schlechten Ruf. Eine ganze Reihe von Sprichwörtern weist uns den Weg: Müßiggang ist aller Laster Anfang; ohne Fleiß keinen Preis; wer rastet, der rostet; erst die Arbeit, dann das Vergnügen. Von Ciceros »Nihil agere delectat – Nichtstun erfreut« ist dagegen so gut wie nie die Rede. Müßiggänger werden bei uns schräg angesehen, sie bringen nichts zuwege. Deshalb wird die Zeit des Müßiggangs so oft ergaunert, klammheimlich vom Faulpelz herausgeschunden, ständig begleitet vom schlechten Gewissen.

Um einem Missverständnis gleich vorzubeugen: Faulsein meint hier: Nichtstun, Ausspannen, Abschalten, Beschäftigungen nachgehen, die mit Muße verbunden sind. Faulsein meint hier nicht: Es sich auf Kosten anderer gut gehen lassen, sich um Arbeit oder schwierige Aufgaben drücken, es sich bequem machen oder andere für sich arbeiten lassen.

Beispiel

Nadjas Wäscheberg

Nadja schiebt das Bügeln schon seit dem Wochenende vor sich her, da hatte sie Besuch von Verwandten daran gehindert, das übliche Bügelpensum zu erledigen. Jetzt ist bereits Donnerstag, jeder Tag im Büro war anstrengend, keinen Abend hatte sie es geschafft, vor sieben zu Hause zu sein. Immer war noch irgendetwas zu erledigen, mal etwas einzukaufen, mal etwas am Briefkasten vorbeizubringen.

Heute, so ihr grimmiger Entschluss, wird sie sich von nichts und niemandem abhalten lassen und endlich die Wäsche bügeln. Die fast erwachsenen Kinder sind aus dem Haus, der Partner beim Sport, eigentlich dürfte nichts dazwischenkommen. Zu Hause angekommen, überfällt Nadja erst einmal der Hunger. Und da das Essen allein in der Küche nicht sehr gesellig ist, setzt sie sich mit dem Teller vor den Fernseher. Da hat dann nach den Nachrichten eine Serie begonnen, die irgendwie ganz unterhaltsam ist und hilft, ein wenig abzuschalten. Nun fängt das schlechte Gewissen schon an zu warnen und zu mahnen, dass da noch die Bügelwäsche sei… Aber irgendwie ist es gerade so spannend und so verflixt schwer aufzustehen und endlich zu bügeln. Und um Viertel vor neun ist es ja dann sowieso zu spät anzufangen, weil um halb zehn Nadjas Mann vom Sport kommen wird und dann wird auch schon fast Zeit sein, ins Bett zu gehen.

Die Themen sind austauschbar, der Ablauf sattsam bekannt. Eigentlich ist die Position vernünftig: Nach acht Stunden im Büro und Einkaufen auf dem Nachhauseweg ist es eigentlich auch nicht möglich, zu Hause gerade so weiterzumachen wie im Büro, nur mit veränderten Aufgaben. Da ist Ausruhen angesagt, nicht Weitermachen. »Sind Sie naiv?«, können Sie einwenden, oder: »Haben Sie Heinzelmännchen zu Hause?«

Weder noch. Aber solche Einwände führen schnell zu Scheingefechten. Denn wer den Abend vor dem Fernseher verbringt, statt die Wäsche zu bügeln, hat weder gebügelt noch das Fernsehen genossen. Wer dagegen die Hälfte des Feierabends für den Faulpelz reserviert, hat zum Schluss den halben Wäscheberg gebügelt und das Nichtstun genossen.

Deshalb mein Plädoyer: Holen Sie den Faulpelz aus der Schmuddelecke, rehabilitieren Sie ihn! Richten Sie garantierte Faulpelzzeiten ein. Räumen Sie dem Faulpelz einen sicheren Platz in Ihrem Leben ein. Je sicherer Ihr Faulpelz ist, dass er ausreichend Beachtung erfährt, desto seltener muss er sich diesen Platz erschleichen.

Loretta und der Kohlebergbau

Beispiel

Loretta arbeitete seit Jahren als Hauptschullehrerin und hatte in ihrem Beruf lange Freude gehabt. In den vergangenen Monaten aber hatte es viel Ärger mit ihrer schwierigen Klasse gegeben. Die Eltern hatten sich – manchmal berechtigt, manchmal unberechtigt – beschwert, sodass Loretta Zweifel beschlichen hatten, ob ihr Unterricht wirklich gut sei. Ohne dass es ihr wirklich aufgefallen wäre, hatte sie in den folgenden Monaten mehr und mehr

Zeit in die Unterrichtsvorbereitung investiert. Das ging zuerst auf Kosten ihrer Freizeit, später dann auch auf Kosten ihrer Familienzeit. Sie hatte das ungute Gefühl, rund um die Uhr mit der Schule beschäftigt zu sein und für nichts anderes Zeit zu haben. Dennoch war sie mit sich und ihrem Unterricht nicht zufrieden und fühlte sich immer wieder nicht gut genug vorbereitet. Als ich Loretta fragte, wann sie denn in der Regel »Feierabend« hätte oder »Wochenende«, antwortete sie: »Wenn ich fertig bin mit der Arbeit.« Das aber war sie eigentlich nie, denn irgendetwas gab es für den Unterricht ja immer noch zu tun. Nun ahnten wir aber beide, dass Loretta nicht rund um die Uhr arbeitete. Also machten wir uns daran herauszufinden, wie es dazu kam, dass Loretta gleichzeitig das Gefühl hatte, ununterbrochen zu arbeiten und doch keine top-vorbereitete Lehrerin zu sein. Zwei normale Schulwochen lang schrieb Loretta ganz detailliert auf, wie sie die Zeit verbrachte, die sie selbst als Arbeitszeit erlebte. Das war ziemlich aufwändig und mühsam, denn es gab tatsächlich jeden Tag lange Abschnitte, die für Loretta Arbeitsphasen waren.

Die Mühe wurde mit einer großen Entdeckung belohnt: Sobald es ans Arbeiten ging, gab es tausenderlei Ablenkungen, die oft auch wie Arbeit aussahen, aber nur selten wirklich etwas mit der eigentlichen Aufgabe zu tun hatten. Zum Beispiel musste sie ein Arbeitsblatt zum Thema Kohlebergbau vorbereiten. Was Loretta in diesem Zeitabschnitt auch noch tat: aus der Arbeitsmappe die Blätter zu anderen Themen aussortieren, die Waschmaschine anstellen, damit sie vor dem Abendessen fertig wurde, Kaffee für sich und die Kinder kochen, mit der Mutter eines schwierigen Schülers telefonieren, nachdenken, welche Themen nach dem Kohlebergbau drankämen, einen Zahnarzttermin vereinbaren ... Kein Wunder, dass Loretta das Gefühl hatte, den ganzen Nachmittag für den Entwurf eines Arbeitsblattes zu benötigen, und ihre Vorbereitungszeit ineffizient fand.

Wer für sich einmal herausgefunden hat, wie das genau ist mit dem Arbeiten und den Dingen, die nebenher so gemacht und dazwischengeschoben werden, der hat schon mal einen wichtigen Schritt geschafft. Wie aber geht es weiter? Nun, indem Sie lernen, genau auseinander zu halten, in welchen ganz klar umrissenen Zeitabschnitten Sie sich nur mit einer einzigen Aufgabe befassen – und in welchen Zeiten Sie eine kleine Pause zum Nichtstun und Ausruhen einschieben. Das kostet einige Energie, aber es lohnt sich. Loretta beispielsweise legte als Regel für sich fest: »kein Stift mehr in der Hand nach neun Uhr abends und an Sonntagen«. Plötzlich gab es für sie einen Anreiz, schnell fertig zu werden, denn es lockte Freizeit als Belohnung.

Nun klappt das bei den allerwenigsten Menschen auf Anhieb. Deshalb ist es auch meistens notwendig, eine verlässliche Sicherung einzubauen: Regeln, die Sie sich gegeben haben, dürfen nur in supergut begründeten Ausnahmen umgestoßen werden. Und zweitens: Schreiben Sie ruhig noch eine ganze Weile genau auf, wie Sie Ihre Zeit verbringen, wann Sie arbeiten und wann Sie Freizeit haben. Das hilft, sich anzustrengen, rechtzeitig fertig zu werden mit der Arbeit.

Für Loretta bestand ein wohltuender Nebeneffekt dieser Vereinbarung darin, dass sie für die Vorbereitung plötzlich definierte Zeit hatte und diese meist auch ausreichte; und selbst wenn sie nicht ganz gereicht hatte, klappte der Unterricht trotzdem. Zwar gab es immer wieder auch mal Pannen, die genau analysiert werden wollten. Aber nach einiger Übung hatte Loretta es geschafft, dass die Abende und der Sonntag wieder ihr und auch ihrer Familie gehörten.

Übung macht den Faulpelz

Sie werden nicht überrascht sein, wenn ich auch am Ende dieses Kapitels wieder auf die Energie zu sprechen komme und auf die notwendige Übung, die garantierte Faulpelzzeiten benötigen. Denn manchmal gibt es Komplikationen. Der Faulpelz hat sich in dem ständigen Rangeln mit dem Kritiker, in dem Hin und Her zwischen Antreiben und Bremsen ein bisschen zu sehr ans bequeme Leben gewöhnt und liegt, wenn auch mit schlechtem Gewissen, tatsächlich ein wenig zu viel auf der faulen Haut. Manchmal hat man sich auch ganz gut daran gewöhnt, das schlechte Gewissen zu ignorieren, einfach nicht mehr hinzuhören, wenn die ewig gleichen Ermahnungen wegen des überfüllten Schreibtischs und der vielen unerledigten Aufgaben zu hören sind.

Wenn das so ist, dann kann es gut sein, dass der Faulpelz zwar zum einen seine garantierten Faulpelzzeiten erhalten, er zum anderen aber unbedingt auch lernen muss, das Aufschieben und Ausredenfinden zu unterlassen. Er muss also ein bisschen entwöhnt werden von den ergaunerten Pausen- und Ausruhzeiten, mit denen das Leben durchaus angenehm sein kann, wenn man ein wenig Übung darin hat, das schlechte Gewissen mit »morgen« oder »später« zu vertrösten.

Da hilft tatsächlich nur aufrichtiges Unterscheiden: Ist diese Pause eine von den garantierten Faulpelzzeiten? Oder ist es eine, deren heimliches Ziel ist, Unangenehmes oder Schwieriges aufzuschieben? Falls Letzteres gilt, handelt es sich mit ziemlicher Sicherheit um ergaunerte Faulpelzzeit, an der Sie sich, wenn überhaupt, nur ganz kurz erfreuen. Diese ergaunerten Zeiten gilt es abzubauen – und im Gegenzug garantierte Faulpelzzeiten, Zeiten des Müßiggangs einzuräumen.

Was Sie selbst tun können

Vorschlag 1

Herausfinden, wozu Faulsein gut ist

Sie müssen schon selbst überzeugt sein, dass Faulsein wohltuend ist. Meine Theorien helfen da wenig. Deshalb mein Vorschlag für den ersten Schritt: Nehmen Sie sich eine Weile Zeit und machen Sie einen kleinen Gedankenspaziergang. Fragen Sie sich: Wozu ist Faulsein gut? Machen Sie eine kleine Liste mit den Punkten, die für Sie zutreffen. Wenn Ihnen nicht viel als Antwort einfällt, überlegen Sie, wie es bei anderen Menschen ist, die Sie etwas besser kennen. Auf welche Art und Weise sind sie faul? Was haben sie davon?

Wenn Ihnen dabei eher Negatives als Positives einfällt, nämlich, dass die es sich leicht machen (was Ihnen Ihr Kritiker verbietet), versuchen Sie, noch ein wenig mehr Abstand zu nehmen und sich möglichst noch einmal ohne Vorbehalte zu fragen: Was hat das Faulsein für diese Menschen für positive Effekte (beispielsweise für die Freundin, die den Kuchen für den Kindergeburtstag nicht selbst backt, sondern in der Zeit, in der Sie in der Küche stehen würden, auf dem Sofa liegt und liest). Vielleicht können Sie die Menschen auch fragen, wie sie das Faulsein genießen und was sie daran besonders schön finden. Ich bin sicher, Sie werden interessante und aufschlussreiche Antworten erhalten.

Die Wonnen des Müßiggangs erforschen Vorschlag 2

Finden Sie heraus, was für Sie Ihr schönster Müßiggang ist, welche Beschäftigungen für Sie mit besonders viel Muße verbunden sind. Da das bei jedem Menschen etwas anders ist, hier eine kleine Auswahl zur Anregung:

> In der Badewanne liegen; in alten Fotos kramen; Kinderbücher lesen; Vogelstimmen lauschen; mit der Katze spielen; aus dem Fenster schauen; hören, wie der Regen in den Blättern rauscht; lesen; im Café sitzen; schlafen; tagträumen; Musik hören; mit einem alten Freund telefonieren; auf einen Berg wandern …

Machen Sie für sich eine kleine Liste. Die kann besonders nützlich sein an Tagen, an denen die Stimmung in den Keller gerutscht ist, an denen man sich allein und ungeliebt oder schlicht phantasielos fühlt. Dann hilft so eine Liste etwas auszuwählen, von dem man früher schon die Erfahrung gemacht hat, dass es einem gut tut.

Garantierte Faulpelzzeiten einrichten Vorschlag 3

Legen Sie Faulpelzzeiten pro Tag und pro Woche fest – und beauftragen Sie Ihren Kritiker, streng darauf zu achten, dass Sie diese Zeit einhalten. Machen Sie nur in ganz besonderen Fällen eine Ausnahme und achten Sie darauf, dass diese Ausnahmen wirklich selten sind.

Müßiggang planen

Wenn Sie nicht viel Übung haben, einmal faul zu sein, und sich immer wieder dabei beobachten, dass Sie sich zwar vornehmen, »einmal so richtig faul zu sein«, es dann aber doch nicht schaffen, dann kann es hilfreich sein, das Faulsein richtig vorzubereiten und wie ein Ritual einzuüben. Das mag Ihnen seltsam vorkommen, weil Müßiggang ja eigentlich nicht mit Anstrengung verbunden sein soll. Aber wenn man gar keine Übung darin hat, ist auch ein kleiner Trick erlaubt, um einmal von den süßen Früchten des Müßiggangs zu kosten und auf den Geschmack zu kommen.

Treffen Sie anhand Ihrer Liste eine Auswahl, was Sie in den Faulpelzzeiten tun wollen, und legen Sie sich fest für eine Woche. Überlegen Sie sich vorher ganz genau, welche Hindernisse sich Ihrem Vorhaben in den Weg stellen könnten, und verwenden Sie möglichst viel Energie darauf, diesen Hindernissen schon im Vorgriff ihre schädliche Wirkung zu nehmen. So könnten Sie beispielsweise vorsorglich allen erklären, dass Sie am kommenden Wochenende verreist sein werden, damit niemand meint, Sie hätten Zeit für dies oder das. Beauftragen Sie unbedingt Ihren Kritiker (der eignet sich fürs Regelneinhalten bestens), genau darauf zu achten, dass Sie das, wozu Sie sich verpflichtet haben, auch tun und Sie nicht irgendeine Erklärung oder Ausrede finden, es nicht zu tun.

Ergaunerte Faulpelzzeiten reduzieren

Wenn Sie garantierte Faulpelzzeiten eingerichtet haben, ist es im Gegenzug notwendig, die ergaunerten Faulpelzzeiten zu reduzieren – vorausgesetzt, Sie kennen die überhaupt.

Beobachten Sie sich im ersten Schritt einmal einen oder ein paar Tage, vielleicht einen typischen Wochentag und einen Wochenendtag ganz genau: Wie oft nehmen Sie sich vor, etwas Liegengebliebenes oder Unangenehmes zu erledigen, und schieben es dann doch im letzten Moment auf, trinken erst noch einen Kaffee, erledigen erst noch einen Anruf (nach dem Motto: das ist doch auch wichtig) oder finden plötzlich etwas, was Ihnen ganz außerordentlich wichtig erscheint?

Nun versuchen Sie, sich im nächsten Schritt klarzumachen: Jede Minute oder jede Viertelstunde, die Sie auf diese Weise vertrödeln, wird Ihr Feierabend später beginnen oder Ihr Wochenende kürzer sein. Und jetzt treffen Sie mit sich selbst die Verabredung, die unangenehmen Dinge nicht aufzuschieben und vorher nicht herumzutrödeln, – und im Gegenzug versprechen Sie sich, pünktlich mit dem Feierabend oder dem Wochenende zu beginnen und daran nicht herumzudrehen.

Wenn Sie diese Übung machen, achten Sie bitte auf Ihren Kritiker. Der wird sofort seine Ansprüche anmelden und finden, Sie sollten überhaupt und ganz und gar mit dem Aufschieben aufhören. Mäßigen Sie ihn – das geht auch mit viel gutem Willen nur in kleinen Schritten, besonders dann, wenn der Faulpelz sich ans Kaffeetrinken schon sehr gewöhnt hat. Auch hier gilt: Jeder kleine Schritt zählt, jeder bringt Sie dem Ziel näher.

Wenn Sie gern mehr zu diesem Thema lesen möchten

Sten Nadolny: Die Entdeckung der Langsamkeit. München: Piper, 1987.

Hans-Werner Rückert: Schluss mit dem ewigen Aufschieben. Wie Sie umsetzen, was Sie sich vornehmen. 5. Auflage. Frankfurt: Campus, 2002.

6 Wie wohlwollender Begleiter, Kritiker und Faulpelz ein Team werden

In den vorhergehenden Kapiteln ging es immer auch um Ziele, Ansprüche und Aufgaben. Darum, wie jemand umgeht mit den Zielen, die er sich vorgenommen hat, darum, was mit den Ansprüchen passsiert, die jemand hat oder die ein anderer an ihn hat, wie jemand umgeht mit den Aufgaben, die er sich selbst vorgenommen oder die ein anderer ihm übertragen hat. Ob eine Person damit nun besser zurechtkommt oder weniger gut, das hat – wie Sie längst wissen – viel mit dem Selbstwert zu tun: Es hängt nicht nur vom Selbstwert ab, es wirkt auch auf ihn zurück.

Für die Regulation des Selbstwerts kommt es nun in allererster Linie auf die drei an, die ich Ihnen in den vorigen Kapiteln vorgestellt habe: den wohlwollenden Begleiter, den Kritiker und den Faulpelz. Sie sind die wichtigsten Kräfte für den Selbstwert. Sie müssen miteinander klarkommen.

Die drei bilden zusammen eine Art Team. In diesem Team geht es im idealen Fall gleichberechtigt zu. Je nachdem, welches Ziel zu erreichen ist und wessen Stärken dabei gerade am meisten gebraucht werden, übernimmt mal der eine, mal der andere die Führung. Idealerweise kennt jeder in dem Team seine Stärken. Vor allem weiß aber jeder auch um seine Schwächen. Er tritt zurück, wenn er gerade nicht dran ist, und er scheut sich nicht, die Regie zu übernehmen, wenn er gebraucht wird. Wie gesagt – im Idealfall.

Wenn der Selbstwert nun nicht sehr stark ausgeprägt oder nicht sehr stabil ist, wenn er von Misserfolgen und Kritik leicht zu erschüttern ist, dann, gerade dann hapert es mit der Zusammenarbeit in dem Dreier-Team. Dann haben entweder die Kritikerin oder der Faulpelz das Steuer an sich gerissen und es gibt ein wildes Hin und Her. Oder aber, was jedoch nur sehr selten vorkommt, die wohlwollende Begleiterin hat die Führung übernommen und schert sich nicht um die anderen beiden Teammitglieder.

Je nachdem, wer im Team das Sagen hat, lassen sich ganz verschiedene Führungsstile beobachten. Ich möchte Ihnen vorschlagen, sich zuerst einmal systematisch die verschiedenen Führungsstile anzuschauen, die in dem Dreier-Team vorherrschen können. So können Sie sich einen Eindruck verschaffen, welche Konstellation sich bei Ihnen am häufigsten findet. Danach können Sie verschiedene Möglichkeiten kennen lernen, wie man den Einfluss der Teammitglieder positiv verändern kann und wie Sie damit zu Ihrem ganz persönlichen, gut funktionierenden Team kommen können.

Aber zunächst einmal zu den verschiedenen Führungsstilen oder auch Team-Typen.

Das hedonistische Team

In ihm dominiert der Faulpelz, der Kritiker dagegen zieht in der Regel den Kürzeren. Dafür hat der Faulpelz massenweise Hintertürchen eingebaut, die meistens mit solchen Sätzen wie »Ich muss erst noch...«, oder »Da bin ich noch nicht zu gekommen, weil ich erst noch...« geöffnet werden. Häufig bleiben Aufgaben liegen, die Atmosphäre im Team ist schlecht, weil es viel Unzufriedenheit gibt. Und weil der Kritiker nie richtig zum Zug kommt, hat er besonders viele Tricks entwickelt, auf sich aufmerksam zu machen – er ist ein wahrer Verfolgungskünstler, der das schlechte Gewissen mit reichlich Nahrung versorgt. Der Faulpelz dagegen hat einen üppigen Vorrat an Betäubungsmitteln für das schlechte Gewissen, die er mit Vorliebe in Form von Ausreden und Notlügen verabreicht. Das Ergebnis ist ein wahrer Faulpelz-Slalom: Der Kritiker macht Druck, und der Faulpelz versucht, dem Druck zu entkommen. Darin wird er immer geschickter, und zum Schluss entsteht der Eindruck, dass die Person wirklich ein unverbesserlicher Faulpelz ist, der überhaupt nichts zuwege bringt.

Beispiel

Nadines Examensarbeit

Nadine muss in vier Monaten ihre Magisterarbeit in Geschichte abgeben. Und obwohl sie inzwischen weiß, dass jeder Tag, der verrinnt, ein wertvoller Arbeitstag in der sowieso knapp bemessenen Zeit ist, drückt sie sich schon seit zwei Monaten ums Schreiben. Jeden Tag nimmt sie sich vor: Heute fängst du endlich an, setzt dich früh an den Schreibtisch, sortierst deine Skizzen und legst los. Aber jeden Morgen findet sie einen anderen Grund, warum sie gerade jetzt noch nicht beginnen kann. Mal ist es der Zahnarzttermin, mal der unaufgeräumte Schreibtisch, mal der Einkauf. Die Kaffeepausen sind lang, mit den Freundinnen gibt es Wichtiges zu bereden. Und dann ist Nadine auch unsicher, ob sie schon genügend Material zusammen hat, ob sie nicht noch mehr Literatur lesen muss.

Das alles sind mehr oder weniger geschickte Ausreden, die Nadine zu allem Überfluss auch noch als solche erkennt. Im Stillen nämlich weiß sie genau, dass sie damit im Grunde den Beginn der Arbeit, vor der sie sich so fürchtet, nur hinauszögert. Denn was auf den ersten Blick wie reine Bequemlichkeit oder Unlust aussieht, ist etwas komplizierter: Nadine ist nämlich ehrgeizig, sie hat sich hohe Ziele gesetzt und die Arbeit muss einfach supergut werden. Und das, obwohl sie natürlich noch nie eine Magisterarbeit geschrieben hat. Erschwerend kommt hinzu, dass es Nadine schon während des ganzen Studiums sehr schwer gefallen ist, Texte zu formulieren, und sie eigentlich, solange sie denken kann, mit den Ergebnissen nicht zufrieden war, selbst wenn die Dozenten anderer Meinung gewesen sind. Und so schiebt Nadine jeden Tag den Arbeitsbeginn auf, macht viele nützliche Vorarbeiten – nur das Eigentliche, das lässt sie liegen.

Das autoritäre Team

In diesem Team reklamiert der Kritiker den Führungsanspruch
ganz allein für sich. Seine Regeln sind streng und unerbittlich,
Nachsicht, Milde und Geduld sind Fremdworte für ihn. Nur das
Beste, Schnellste, Größte, Anspruchsvollste ist gut genug – egal,
unter welchen Bedingungen. Die hohen Ansprüche werden nicht
gemessen an den bestehenden Möglichkeiten. Genau das aber
macht den rigiden Charakter des Führungsstiles in einem autori-
tären Team aus. Wenn auch selten wirklich Exzellentes geleistet
wird, so ist doch das wichtigste Kennzeichen das Streben danach. Das bedeutet, die Atmosphäre ist von Anstrengung, Druck
und, in der Folge, häufig auch von Überforderung und Erschöpfung geprägt. »Pardon wird nicht gegeben« könnte ein Leitsatz
eines solchen Teams sein. Oft kommt noch Angst dazu, den
hohen Ansprüchen nicht zu genügen und dann trotz aller Anstrengungen entwertet zu werden.

Der Schlüssel zum Verständnis, warum sich so ein Stil in
einem Team entwickeln kann, liegt fast immer in den hohen
Leistungsnormen, die ein Mensch in seiner Lebensgeschichte
entwickelt hat. Sie resultieren meistens daraus, dass es Ansprü-

che wichtiger Bezugspersonen zu erfüllen galt, um Anerkennung und Wertschätzung zu erhalten. Diese hohen Leistungsnormen können sich unbemerkt verselbstständigen, sozusagen loslösen von den tatsächlichen Möglichkeiten einer Person, und können dann durch die zwangsläufig entstehende chronische Überforderung enormen Schaden anrichten.

Beispiel

Wolfgang zwischen Job und Schule

Wolfgang hatte schon als Jugendlicher beschlossen, »das Beste aus sich zu machen«. Und so hatte er nach der Lehre entschieden, das Abitur in der Abendschule nachzumachen. Jetzt stehen ihm unmittelbar die schriftlichen Abiturprüfungen bevor. Gleichzeitig ist in seinem Job, mit dem er seinen Lebensunterhalt verdient, besonders viel zu tun, weil die Firma gerade einen neuen Auftrag erhalten hat. Eigentlich hatte Wolfgang ja vorgehabt, seinen Jahresurlaub zu nehmen, um sich konzentriert auf die Abiturprüfungen vorbereiten zu können. Jetzt erscheint ihm das jedoch völlig unmöglich, weil er sich schließlich nicht ausklinken kann, wenn alle anderen in der Firma schuften. Gleichzeitig drangsaliert ihn der Kritiker, der nur die Prüfungen im Blick hat: »Wenn du kein Einserabitur machst, brauchst du gar nicht anzutreten, was willst du denn heute noch mit einem Zweierabitur? Also, häng dich verdammt noch mal rein, beiß die Zähne zusammen und arbeite!«

Also macht Wolfgang jeden Tag ein oder zwei Überstunden, danach setzt er sich dann an den Schreibtisch und paukt für die Abiturprüfung. Seit Wochen schon hat er keine Nacht mehr als fünf Stunden geschlafen, Samstage und Sonntage hat er ausschließlich hinter den Büchern verbracht. Pausen, Kneipen, Freunde kennt er seit Wochen nicht.

Das narzisstische Team

In diesem Team ist der wohlwollende Begleiter auf einem Ego-trip gelandet: Er ist in sich selbst verliebt. Das bedeutet, die wohlwollende Instanz in der Person hat jedes Maß verloren, sozusagen eine rosarote Brille aufgesetzt und neigt dazu, sich selbst im besten Licht und ohne jeden Makel zu sehen. Der wohlwollende Begleiter stellt einseitig Vorzüge und Stärken so in den Mittelpunkt der Wahrnehmung und der Bewertung, dass seine Urteile immer wieder selbstgerechte Züge tragen. Das führt dann leicht nicht nur zur Überschätzung der eigenen Person, sondern häufig auch zu Rücksichtslosigkeiten gegenüber anderen. Im narzisstischen Team ist Kritik ein Tabuwort, sowohl Kritik von anderen als auch Selbstkritik.

Auch hier sind maßlos überzogene Forderungen des Kritikers oft der Schlüssel zur Erklärung für eine solche Entwicklung. Anders als im hedonistischen Team führen diese überzogenen Ansprüche im narzisstischen Team nun dazu, dass die Wahrheit geschönt wird, dass die eigenen Vorzüge und Stärken überschätzt werden – und so die Begegnung mit den überzogenen Ansprüchen vermieden wird. Während der Faulpelz sich verweigert und so der Probe ausweicht, wie gut ein Anspruch eingelöst oder eine Erwartung befriedigt wird, macht es Narziss ganz anders: Er hält den Kritiker von sich fern, indem er die Welt schönt, indem er seine Vorzüge wie einen Schutzwall oder eine Fassade vor sich her trägt, sodass es zu der Auseinandersetzung über die eingelösten oder nicht eingelösten Ansprüche erst gar nicht kommen kann.

Nach meiner Erfahrung ist dieser Team-Typ eher selten. Er ist aber derjenige, von dem am häufigsten befürchtet wird, er könnte sich entwickeln und die Oberhand gewinnen, wenn die wohlwollende Begleiterin durch die Stärkung des Selbstwerts mehr und mehr Einfluss erhält.

Henning, der Programmierer

Henning jobbt schon seit längerem in einer EDV-Firma und hat sich dort im Laufe der Jahre eine gute Position erarbeitet. Eigentlich hatte er nach dem Abitur Informatik studieren wollen, aber immer war etwas dazwischengekommen. Außerdem, hatte er sich nicht durch seine praktische Arbeit so viel Wissen angeeignet, dass er oft den Kollegen, die als Informatiker in der Firma arbeiteten, einiges voraushatte?

Kürzlich hatte die Firma einen Auftrag erhalten, in dem es um die Entwicklungsarbeit ging, von der Henning schon lange träumte, die aber eigentlich, wenn er ganz ehrlich war, eine Nummer zu groß war für ihn. Gleichzeitig lockte ihn die Herausforderung, sich und seinen Kollegen zu beweisen, dass er inzwischen ebenso viel konnte wie alle Informatiker zusammen. So überredete er seinen Chef, ihm diese Aufgabe zu übertragen. Der ließ sich darauf ein, aber erst, nachdem Henning versprochen hatte, sich Hilfe zu holen, wenn er mit der Sache nicht fertig werden würde.

Inzwischen tüftelt Henning seit mehreren Wochen an der Aufgabe herum, kommt aber nicht recht voran. Wenn er gefragt wird, weicht er aus, schönt die Tatsachen ein bisschen und sagt, im Grunde sei das Problem »so gut wie gelöst«. Für sich selbst findet er immer neue Erklärungen, weshalb das Problem nicht zu lösen sei: Mal sind es die Kollegen, die ihm Informationen vorenthalten, mal ist es die Situation zu Haue, mal sind es andere Aufgaben, die ihm nicht genügend Raum für die Entwicklungsarbeit lassen. Nur einen Gedanken schiebt Henning weit weg: Dass er sich tatsächlich zu viel zugetraut hat, dass ihm vielleicht doch ein paar Dinge fehlen, die seine Kollegen im Studium gelernt haben. Und weil er diesen Gedanken weit von sich weist, bittet er auch niemanden um Hilfe.

Als er die Arbeit dann abliefert, entspricht sie nicht den Vorstellungen des Kunden. Entsprechend kritisch fallen die Kommentare aus. Doch da Henning sein Bestes gegeben hat, ist er gekränkt und verteidigt seine Arbeit über die Maßen. Auch die von seinem Chef geäußerte Kritik empört ihn zutiefst, da Henning mehr und mehr überzeugt ist, ein fehlerfreies Produkt abgeliefert zu haben, wie es kein anderer hätte besser machen können.

Narzissmus

Selbstliebe, Selbstverliebtheit.
In der giechischen Mythologie verschmäht Narcissus, der schöne Sohn des Flussgottes Kephisos und der Leiriope, die Liebe der Nymphe Echo und wird dafür von Aphrodite dadurch bestraft, dass er sich unstillbar in sein Abbild verliebt, das sich im Wasser widerspiegelt.
Heute wird der von Sigmund Freud eingeführte Begriff benutzt, um die übersteigerte Ich-Bezogenheit einer Person zu kennzeichnen. Sie geht in der Regel mit generalisierter Selbstüberschätzung und Empfindlichkeit in der Einschätzung durch andere einher.

Almut-Barbara Renger: Mythos Narziß
Klaus Paulitsch: Narzissmus

Neben diesen drei Arten, wie wohlwollende Begleiterin, Kritikerin und Faulpelz sich in einem Team gegenseitig behindern und blockieren können, gibt es natürlich auch noch viele Zwischenformen, in denen sich die Führungsstile mal in dieser, mal in jener Weise mischen. Es würde hier sicher zu weit führen und nur Verwirrung stiften, die alle zu beschreiben.

Einen Fall aber, der gar nicht so selten ist, lohnt es sich doch noch genauer anzuschauen: den Fall nämlich, dass die Teammitglieder sich gegenseitig blockieren, weil keiner die Führung übernehmen will. Keiner weiß so recht, wo es langgehen soll oder wie es weitergehen kann. So kommt es zum Stillstand, zum Ausweichen vor wichtigen Aufgaben oder Entscheidungen – eine ungünstige Strategie, die letztlich den unzufriedenen Kritiker auf den Plan ruft und oft mit verpassten Chancen einhergeht.

Diese Pattsituation ist häufiger, als man im ersten Moment meint. Sie entsteht beispielsweise in klassischen Entscheidungssituationen, wenn die Person extrem unsicher ist, welcher Stimme sie jetzt Gehör schenken soll und letztlich nicht weiß, wem sie den größten Einfluss in dieser Situation zugestehen soll. Oft ist diese Unsicherheit mit der Scheu vor dem Risiko, Verantwortung für eine bestimmte Entscheidung zu übernehmen, verbunden. Was geschieht? Gar nichts – was oft genug bedeutet, dass andere entscheiden oder die Zeit oder der Zufall. Dann herrschen im Team Lähmung, Unsicherheit und oft Ärger über sich selbst, unfähig zu einer Entscheidung zu sein.

Beispiel   **Julies neue Stelle**

Julie ist Ärztin und seit drei Monaten auf Stellensuche. Dabei ist sie recht erfolgreich, weil sie gut qualifiziert ist und exzellente Zeugnisse vorweisen kann. Zum einen ist sie sehr ehrgeizig und möchte gerne eine leitende Position finden. Zum anderen fürchtet sie aber auch den Klinikstress, die Verantwortung und die zeitlichen Anforderungen, die mit leitenden Stellen verbunden sind. Eine Stimme in ihr sagt, dass sie sich das durchaus zutrauen könne – die andere Stimme sagt, sie solle endlich mal langsam machen und sich weniger zumuten, schließlich hätte ihr Privatleben zuletzt schon genug gelitten. Eine Stimme sagt, sie könne sich das ruhig zutrauen, sie habe inzwischen so viel gelernt, dass sie durchaus in der Lage sei, eine solche Position zu übernehmen – und die Gegenstimme sagt, sie solle sich nicht anmaßen, mit ihren wenigen Dienstjahren eine Führungsaufgabe zu übernehmen, andere seien viel besser als sie.

Nun hat Julie sich gleich auf zwei Stellen beworben. Im einen Fall könnte sie in einer angesehenen Klinik arbeiten, könnte noch etwas lernen, sich weiterentwickeln und könnte das in einem etwas geruhsameren Tempo tun, weil sie dort keine Leitungsfunktion hätte. Die andere Stelle erfüllt genau diese Bedingung: Dort könnte sie Oberärztin werden, allerdings in einem Krankenhaus, von dem bekannt ist, dass dort ein rauer Wind weht und scharfe Konkurrenz herrscht. Bei beiden Stellen ist Julie auf Platz eins der Bewerberliste gelandet und muss nur noch zusagen. Aber Julie zögert, überlegt hin und her. So lange, bis der Chef der einen Klinik die Geduld verliert und die Stelle mit jemand anderem besetzt – und plötzlich hat Julie keine Wahl mehr zwischen zwei Stellen.

All die Beispiele zeigen recht anschaulich, was alles schief laufen kann, und möglicherweise sind Ihnen einzelne Aspekte auch bekannt vorgekommen. Zugegeben, wenn man solche Typen beschreibt, ist es fast unvermeidlich, etwas zu überzeichnen und Extreme darzustellen, die im Leben natürlich selten so zu finden sind. Erreicht werden soll damit nur, das Typische herauszuheben. Und Menschen in solche Typen einzuteilen, das geht schon gar nicht. Im Alltag, wie eben schon gesagt, wird mal der eine Führungsstil vorkommen, mal der andere. Vielleicht stellen Sie fest, dass Sie bei bestimmten Aufgaben oder Entscheidungen zu einem bestimmten Teamtyp neigen. Im günstigsten Falle ist es mal der eine Typ, der bei einer Aufgabe Regie führt, und mal der andere Typ.

In allen Fällen aber – und das ist jetzt wieder ganz nah dran an unserem Alltag –, in allen Fällen geht es letztlich darum, Ziele zu erreichen oder Pläne in die Tat umzusetzen. Dabei kann es sich um große Dinge handeln, aber auch um kleine. In jedem Fall aber geht es darum, Vorsätze nicht nur zu fassen, sondern auch einzuhalten. Gerade dann macht sich ein gut funktionierendes Team besonders bemerkbar.

Sie wissen selbst, wie befriedigend es sein kann, sich etwas vorzunehmen, dafür Energie aufzubringen und dann auch am Ziel anzukommen. Es kann den Selbstwert ungeheuer stärken, ein gut eingespieltes Team zu haben, wenn es um das Erreichen von Zielen geht. Wenn man immer wieder die Erfahrung macht, dass man sich etwas vornimmt und es dann tatsächlich erreicht, dann stärkt diese Erfahrung das Vertrauen in die eigene Fähigkeit und das eigene Können, auch das Vertrauen in die Willenskraft und Disziplin, mit Kreativität oder Organisationstalent etwas zu schaffen. Deshalb ist es gerade für diesen Bereich so ungeheuer wichtig zu wissen, wie das funktioniert, und nicht immer wieder in dieselben Fallen zu tappen. Läuft es anders herum, ist es nicht nur frustrierend, sondern oft auch richtig schädlich für den Selbstwert.

Da es so wichtig ist, dass wir uns Ziele nicht nur vornehmen, sondern sie auch erreichen, wollen wir uns anschauen, wie es laufen kann, wenn in diesem Bereich das Team richtig gut funktioniert, wenn jeder an seinem Platz steht und seine Arbeit dort gut macht. Der Weg vom geplanten zum erreichten Ziel lässt sich in mehrere Schritte einteilen, die wir im Folgenden genauer anschauen wollen. Dabei interessiert uns ganz besonders, welche Rolle in einem gut eingespielten Team jeweils die wohlwollende Begleiterin, die Kritikerin und der Faulpelz übernehmen. Das wirkt vielleicht ein bisschen trocken. Aber wenn Sie durchhalten, dann sind Sie am Ende dieses Kapitels bestimmt um ein paar Ideen reicher, woran es hapert, wenn Sie mit einem Vorhaben auf halber Strecke stecken bleiben und wie Sie das künftig verhindern können.

Schritt 1: Ziele konkret und realistisch festlegen

Wenn Sie etwas erreichen oder ändern wollen, muss das Ziel so definiert sein, dass es tatsächlich erreichbar ist. Ein einfaches Beispiel. »Ich will endlich Ordnung halten« oder: »Ich will endlich abnehmen« sind gute Absichten. Aber diese Absichten sind so allgemein formuliert, dass daraus überhaupt nicht abzuleiten ist, was Sie konkret tun wollen, um diese Absicht in die Tat umzusetzen. Für das Beispiel Ordnung halten wäre ein konkretes Ziel, den Kleiderschrank aufzuräumen oder, wenn Ihnen das nicht anspruchsvoll genug ist, das ganze Schlafzimmer aufräumen und zu entrümpeln. Für das Abnehmen wäre ein konkretes Ziel, soundso viele Kilogramm abzunehmen.

Aber damit nicht genug. Jetzt ist es auch noch wichtig, diese

Absicht auf eine bestimmte Zeitspanne zu beziehen. Denn nur dann können Sie später wirklich überprüfen, ob Sie Ihre Absicht auch in die Tat umgesetzt haben. Das bedeutet, für das Aufräumen beispielsweise eine Zeitspanne zu definieren wie »innerhalb der nächsten zwei Wochen«, für das Abnehmen könnte das heißen »innerhalb der nächsten sechs Monate«.

Und noch etwas Wichtiges: Das Ziel muss auch tatsächlich erreichbar sein. So ist es ziemlich unsinnig, wenn Sie sich vornehmen, Ihren Kleiderschrank innerhalb der nächsten zwei Wochen aufzuräumen, wenn Sie genau wissen, dass Sie in dieser Zeit eigentlich keinen freien Abend haben und auch die Wochenenden verplant sind. Genauso beim Abnehmen: Wenn Sie sich ein Gewichtsziel setzen, das Sie nur erreichen können, wenn Sie ab sofort eine drastische Diät einhalten, etwa indem Sie zum Heilfasten in eine Klinik gehen, Sie aber stattdessen vorhaben, Ihren Berufs- und Familienalltag unverändert fortzusetzen, dann hat das nicht viel Sinn. Am Ende steht nur Frust. Ziele unrealistisch zu definieren, trägt nur dazu bei, den Selbstwert zu schwächen. Wer solche Ziele anpeilt, der bestätigt nur die schlechte Meinung von sich selbst, nichts durchhalten zu können oder zu willensschwach zu sein.

Noch mal zusammengefasst: Erst wird aus der Absicht heraus ein konkretes Ziel festgelegt; dann wird der Zeitraum festgelegt; schließlich muss überprüft werden, ob es realistisch ist, bei der verfügbaren Energiemenge das Ziel zu erreichen.

Jetzt kommt die spannende Frage: Welche Rollen spielen in einem gut funktionierenden Team die verschiedenen Mitglieder bei diesem ersten Schritt?

■ Der Kritiker:
Er muss sich mäßigen und sich ernsthaft auf die Diskussion einlassen, was realistische und machbare Ziele sind. Dabei muss er berücksichtigen, was die vergangenen Wochen, Monate oder Jahre ihn hätten lehren können. Das bedeutet, er muss hochfliegende Pläne aufgeben und sich realistisch an dem orientieren, was in der Vergangenheit möglich war.

- Der wohlwollende Begleiter:
  Er hat die überaus wichtige Aufgabe, darauf zu achten, dass auch kleine Schritte gewürdigt und nicht in Bausch und Bogen als lächerlich oder nicht der Rede wert abgetan werden. Er ist typischerweise der, der sagt: »Lieber einen kleinen Schritt und den solide getan, als einen großen Schritt und dabei gestrauchelt.«

- Der Faulpelz:
  Dessen Aufgabe ist leicht zu beschreiben, aber gar nicht so einfach durchzusetzen. Er muss sich für Pausen einsetzen. Er ist derjenige, der, wenn es ums Aufräumen geht, darauf achtet, dass trotzdem am Wochenende noch Spielraum für Müßiggang ist. Er ist auch der, der hilft, dass Regeln flexibel bleiben, sodass echte Ausnahmen vorkommen dürfen. Beim Abnehmen beispielsweise setzt er durch, dass nicht vollständig auf Süßigkeiten verzichtet wird, sondern dass jeden Tag eine süße Kleinigkeit erlaubt ist.

Schritt 2: Teilschritte planen

Wenn das Ziel realistisch festgelegt ist, wird es noch einmal konkreter: Jetzt wird festgelegt, was Sie genau tun werden, wie Sie handeln. Beim Auftrag, Teilschritte zu planen, mit denen Sie das festgelegte Ziel erreichen wollen, geht es immer um Taten. Auch für diese Teilschritte gilt wieder, wie schon für das Ziel, dass jeder einzelne in der definierten Zeit zu schaffen sein und der damit verbundene Aufwand überschaubar sein muss. Nur so ist es realistisch, dass Sie die Teilschritte auch tatsächlich tun.

Für unsere beiden Beispiele könnte das dann so aussehen: Wenn der Kleiderschrank sehr groß ist und die jeweils zur Verfügung stehende Zeitspanne klein, dann ist es unumgänglich, dass Sie sich festlegen, an wie vielen Tagen der nächsten Woche Sie genau was tun werden. Beispielsweise am Montag die rechte Seite mit Pullovern und Wäsche aufräumen, am Mittwoch dann

Kleider und Hosen, am Freitag oder Samstag schließlich Bettwäsche und Handtücher. Und vergessen Sie nicht den Schritt, aussortierte Teile zum Kleidercontainer zu bringen und festzulegen, an welchem Tag Sie das spätestens gemacht haben wollen. Für das Abnehmen kann das Festlegen von Handlungen etwa bedeuten: Ab sofort wird für die nächsten vier Wochen der Alkoholkonsum oder der Kuchenverzehr um die Hälfte reduziert und ab sofort die Menge an Bewegung pro Woche verdoppelt.

Erst wenn Sie sich ganz konkret festgelegt haben, haben Sie sich zu Handlungen verpflichtet, von denen Sie auch überprüfen können, ob Sie sie auch tatsächlich ausgeführt haben. Und erst von diesem Schritt an können Sie fairerweise überhaupt erst beginnen, sich selbst zu bewerten.

Die Aufgaben, die bei dieser Aktion Kritikerin, wohlwollende Begleiterin und Faulpelz haben, sind eigentlich die gleichen wie beim ersten Schritt:

- Die wohlwollende Begleiterin:
  Sie achtet darauf, dass auch kleine Schritte gewürdigt und als Anstrengung oder Leistung anerkannt werden.

- Die Kritikerin:
  Sie lässt sich auf realistisch geplante Handlungen ein und akzeptiert, dass mehr in der zur Verfügung stehenden Zeit nicht machbar ist.

- Der Faulpelz:
  Er sorgt für Flexibilität in den Regeln, sodass Hintertürchen zum Entwischen vor allzu strengen Regeln überflüssig werden.

Schritt 3: Erfolgserwartung und Energieeinsatz festlegen

Dieser Schritt ist nochmals ein wichtiger Prüfstein für Ihre Motivation, das, was Sie sich vorgenommen haben, tatsächlich zu tun. Denn nur wenn Sie wirklich bereit sind, Energie zu investieren, nur dann hat es Sinn zu bewerten, ob Sie etwas tatsächlich geleistet haben oder nicht. Eigentlich ist es ganz simpel: Nur wenn ich es wirklich ernst meine mit der Umsetzung und auch bereit bin, dafür Anstrengungen auf mich zu nehmen und Energie einzusetzen, nur dann kann ich erwarten, dass ich tatsächlich auch am Ziel ankommen werde.

Aber wie oft ist man trotzdem enttäuscht von sich, dass man einen Vorsatz nicht in die Tat umgesetzt hat. Das liegt sehr oft daran, dass man sich zwar stark wünscht, ein bestimmtes Ziel zu erreichen, weil es einem attraktiv erscheint (ob es nun die Ordnung im Kleiderschrank ist oder die fünf Kilo weniger auf der Waage oder was auch immer), dass man sich aber nicht klar gemacht hat, dass dafür eine bestimmte Menge Energie und meist auch Arbeitseinsatz, organisatorischer Aufwand und ganz handfest auch Zeit erforderlich ist.

Und jetzt kommt ein ganz wichtiger Punkt: Sie können Ihren Erfolg beim Erreichen eines Zieles nicht an der Stärke des Wunsches messen, sondern Sie können den Erfolg nur daran messen, wie sehr Sie sich eingesetzt haben, dieses Ziel tatsächlich zu erreichen.

Deshalb mein Vorschlag: Legen Sie sich fest, wie viel Energie Sie für das Ziel und die Schritte zu diesem Ziel einsetzen wollen. Ganz praktikabel ist es, das in Prozent auszudrücken. 0 Prozent wäre dann, sich überhaupt nicht anzustrengen, und 100 Prozent wäre der maximale Energieeinsatz, den Sie sich für dieses Ziel vorstellen können. Wie viel Energieeinsatz Sie tatsächlich bringen wollen, wird entscheidend davon abhängen, wie wichtig Ihnen dieses Ziel ist, sicher aber auch davon beeinflusst werden, wie viel Energie realistisch gesehen überhaupt zur Verfügung steht.

Nehmen wir noch einmal das Kleiderschrank-Beispiel: Eigentlich ist ja die Frage: »Wie viel Energie will ich denn wirklich dafür einsetzen, meinen Kleiderschrank in den nächsten 14 Tagen aufzuräumen«, die entscheidende Prüfung, wie ernst es Ihnen wirklich ist. Nicht, wie sehr Sie sich wünschen, dass Ihr Kleiderschrank endlich aufgeräumt ist. Wenn Sie nun feststellen, dass Sie in Ihrer Einschätzung irgendwo bei 50 Prozent landen, ist es keine Überraschung, wenn Sie es mit der halben Menge Energie, die Sie dafür einsetzen, am Ende der zwei Wochen nur halb geschafft haben oder auch gar nicht. Erfolg und Misserfolg sind bei 50 Prozent Energieeinsatz etwa gleich wahrscheinlich.

Dieser Unterschied ist für die Selbstbewertung ganz entscheidend: Wenn Sie sich nicht sehr angestrengt haben, ein bestimmtes Ziel zu erreichen, ist es nicht angemessen, sich dafür zu entwerten, dass Sie es nicht erreicht haben. Da wäre es dann sicher lohnender, einmal zu schauen, wie es denn um Ihre Bereitschaft steht, sich für Ihr Ziel zu engagieren. An dieser Stelle, das ahnen Sie sicher schon, landen wir nämlich wieder bei dem Kritiker, der mit möglicherweise allzu hochfliegenden Zielen oder Idealen auf dem hohen Ross sitzt und nicht daran denkt, sich mit bescheidenen Zielen zufrieden zu geben.

Schauen wir uns auch hier noch einmal die Rollenverteilung der Teammitglieder an: Wieder ist es wichtig, dass jeder zu Wort kommt.

- Der wohlwollende Begleiter:
  Er wird darauf achten, dass beim Einsatz von Energie und Zeit berücksichtigt wird, wie das Leben sonst so in der nächsten Zeit ablaufen wird.
- Der Kritiker:
  Wieder ist er gehalten, sich zu mäßigen in seinen Ansprüchen und nicht mit der Hundertprozentmarke weit über das konkret Mögliche hinauszuschießen.
- Der Faulpelz:
  Dass trotz ehrgeiziger Projekte genügend Zeit zum Ausspannen und Regenerieren bleibt, muss er im Auge behalten.

Schritt 4: Belohnungen festlegen

Schon das Wort Belohnung mag Ihnen lächerlich erscheinen oder Sie an Ihre Kindheit erinnern, als mit Schokolade oder Fernsehen belohnt wurde. Es mag Ihnen seltsam oder überflüssig vorkommen, wenn ich sage, dass auch Erwachsene Belohnungen, Lob und Anerkennung brauchen. Oft merken wir gar nicht, wie sehr wir uns die von anderen wünschen. Eher sind wir enttäuscht, wenn sie ausbleibt, wenn unsere Leistungen oder unsere Anstrengung nicht gesehen oder nicht genug gewürdigt werden.

Vielleicht haben Sie noch einen anderen Einwand: Es handle sich bei den meisten Dingen, um die es hier geht, eigentlich doch nur um das Wiederherstellen von normalem Funktionieren oder um Selbstverständlichkeiten; und dass es da doch keinen Anlass gäbe, dies auch noch zu belohnen.

Ich bin da ganz anderer Meinung. Erstens wird es der Anstrengung und dem Energieeinsatz nicht gerecht, die Sie tatsächlich aufbringen müssen. Und was für einen Grund gäbe es denn, diesen Einsatz nicht anzuerkennen oder Erreichtes zu belohnen? Und zweitens entspringt dieses Argument aus einer selbstwertschädlichen Grundhaltung. Der Haltung, sich selbst oder die eigene Leistung erst dann als wertvoll einzustufen, wenn dieses oder jenes erreicht ist, erst dann überhaupt mit dem Zählen zu beginnen.

Manchmal wirkt schon das Erreichen eines Ziels allein wie eine Belohnung, weil man es geschafft hat, einen Zustand, der einen schon lange gestört hat, endlich zu verändern. Die Freude darüber hat natürlich so etwas wie bestärkende oder belohnende Züge. Vielleicht genügt Ihnen die Freude, endlich vor dem aufgeräumten Kleiderschrank zu stehen und sich nicht dauernd über sich selbst zu ärgern, dass Sie nichts finden. Aber wäre es nicht vielleicht doch angemessen und ein zusätzlicher Anreiz für Sie, wenn Sie sich im Anschluss an die Aufräumaktion die Bettwäsche kaufen würden, von der Sie schon lange träumen? Wenn der unaufgeräumte Kleiderschrank Ihnen seit langem ein Dorn im Auge ist, dann ist es nach meinem Dafürhalten nicht ein geringschätziges »das war ja endlich auch mal Zeit« wert, sondern anerkennendes Lob und womöglich auch ein kleines oder größeres Geschenk.

- **Die wohlwollende Begleiterin:**
  Sie hat in dieser Phase unzweifelhaft die dominante Rolle. Sie hat die besten Argumente, Erreichtes und Geleistetes in gutem Licht zu sehen, und ist Expertin bei der Einschätzung, wofür bei dieser Aufgabe Anerkennung angemessen ist.

- **Die Kritikerin:**
  Sie hat ein wachsames Auge darauf, dass Anstrengung und Anerkennung in gutem Verhältnis zueinander stehen. Dabei muss sie besonders gut darauf achten, fair und nicht zu streng zu sein.

- **Der Faulpelz:**
  Er glänzt mit Ideen und Einfällen, was Belohnungen sein können: Ruhepausen, ein kleiner Einkaufsbummel durchs Lieblingsgeschäft, den Sportteil der Zeitung in Ruhe lesen ...

Schritt 5: Ergebnis überprüfen

Die letzte Etappe ist die Erfolgskontrolle – und gegebenenfalls auch die Misserfolgsanalyse. Wie weit sind Sie mit Ihren Anstrengungen gekommen? Wie viel Energie haben Sie wirklich eingesetzt? Wie zufrieden können Sie mit dem Ergebnis sein? Wenn Sie nicht zufrieden sind, versuchen Sie trotzdem zuerst, das zu sehen, was Sie erreicht haben, und sich dann erst zu fragen: Was kann ich beim nächsten Mal tun, wenn es um ein ähnliches Ziel oder eine ähnliche Anstrengung geht, um die Sache besser zu machen? Woran hat es gelegen, dass ich nicht so erfolgreich war, wie ich mir das gewünscht oder vorgestellt hatte?

In dieser Phase ist es besonders wichtig, dass Kritiker und wohlwollender Begleiter gleich viel Einfluss haben und nicht der eine den anderen bevormundet. Nur so kommen Sie zu einer angemessenen Einschätzung, die Sie vor sich selbst auch gelten lassen können. Hier machen Sie nämlich die wichtigste und schwierigste Übung zugleich: Konstruktive, das heißt wohlwollende, die Anstrengung und Leistung anerkennende und die Misserfolge gleichwohl in Betracht ziehende Kritik zu leisten.

Möglicherweise versucht in dieser Phase der Faulpelz, mit Ausreden zu kommen und, falls es etwas zu bemängeln gibt, den Mangel zu beschönigen. Dann muss das Team beweisen, was es heißt, gleichberechtigt und gut zu arbeiten. Denn dann gilt es, faule Ausreden von gültigen Erklärungen zu unterscheiden. Das geht nur, wenn alle im Team gleich wichtig sind und jedem das gleiche Recht und die gleiche Fähigkeit zugestanden wird, sich ein Urteil zu bilden und mitzureden.

Wenn Sie bis hierher durchgehalten haben – herzlichen Glückwunsch! Warum ich Ihnen diesen zugegeben etwas trockenen Stoff zugemutet habe? Ich kenne keinen besseren und befriedigenderen Weg, wie man lernen kann, das Vertrauen in sich selbst zu stärken, Ziele, die man sich gesetzt hat, tatsächlich auch erreichen zu können.

Was Sie selbst tun können

Gönnen Sie sich die Freude, sich im Selbst-Management zu üben
Wählen Sie ein überschaubares und gleichzeitig für Sie wichtiges Ziel aus, und dann gehen Sie nach und nach die beschriebenen Schritte durch.

1. Machen Sie aus einer Absicht ein konkretes und realistisches Ziel. Legen Sie fest, in welchem Zeitraum Sie dieses Ziel erreichen wollen.
2. Legen Sie fest, in welchem Zeitraum Sie welche Handlungsschritte machen wollen.
3. Legen Sie fest, wie viel Energie (von 0 bis 100 Prozent) Sie für jeden Handlungsschritt aufbringen wollen.

4. Legen Sie fest, welche Belohnungen auf Sie warten (evtl. für mehrere Handlungsschritte auf einmal).
5. Überprüfen Sie den Erfolg: Was haben Sie erreicht? Was ist Ihnen gelungen? Und machen Sie gegebenenfalls eine Fehleranalyse: Woran hat es gelegen? Waren die Schritte unrealistisch geplant? Habe ich den Energieeinsatz unrealistisch eingeschätzt? Habe ich äußere Hindernisse unterschätzt? Kam etwas Unvorhergesehenes dazwischen? War das Ziel zu schwierig gewählt? Gab es sonst noch etwas?

Gönnen Sie sich das Vergnügen des Selbst-Managements ein zweites, ein drittes und ein viertes Mal. Und bauen Sie Ihr Geschick aus, die Ziele richtig zu wählen, die Handlungsschritte realistisch zu planen und die Belohnungen so einzusetzen, dass Sie zum Top-Selbst-Manager werden!

Wenn Sie gern mehr zu diesem Thema lesen möchten

Hugo M. Kehr: Souveränes Selbstmanagement. Ein wirksames Konzept zur Förderung von Motivation und Willensstärke. Weinheim: Beltz, 2002.

7 Sich selbst Vater und Mutter werden

»Wenn ich groß bin, dann...« Was war für Sie das Schönste und Wichtigste am Erwachsenwerden? Nicht mehr gesagt zu bekommen, was Sie tun und was Sie lassen sollen? Kommen und gehen zu können, wann und wie Sie wollen? Keine Vorschriften über Kleider, Essen, Trinken und Lebenswandel gemacht zu bekommen?

Bei jedem Menschen wird die Antwort etwas anders ausfallen. Wie sie ausfällt, hängt vor allem damit zusammen, welche Erfahrungen die Person in der Kindheit und Jugend gemacht hat. Ob mit diesem Lebensabschnitt eine Phase großer Fürsorge und liebevoller Begleitung zu Ende gegangen ist. Oder ob eine Phase von schmerzlicher innerer Einsamkeit und ständiger Bevormundung durch die Eltern ihren Abschluss gefunden hat. Im ersten Fall kann Erwachsenwerden vor allem mit dem Gefühl von Verlust verbunden sein: Verlust von elterlicher Fürsorge, von Geborgenheit, vielleicht sogar das Gefühl des Verlusts von Sorglosigkeit. Im zweiten Fall wird ein Gefühl von Befreiung wahrscheinlicher sein. Befreiung durch den Gewinn von Unabhängigkeit, Gewinn der Freiheit, das Leben selbst zu gestalten.

Gleichgültig, wie Kindheit und Jugend eines Menschen verlaufen sind – Erwachsensein bedeutet immer, Verantwortung für sich selbst zu tragen. Bedeutet, Fürsorge für sich selbst zu übernehmen und damit – unser Thema – sich selbst Vater und Mutter zu werden. Wie bewusst es jemandem ist, dass genau das die Aufgabe des Erwachsenenlebens ist – nämlich selbst so für sich zu sorgen, wie eigentlich Mutter und Vater für einen gesorgt hätten – und wie gut das dann klappt, das hängt nun allerdings tatsächlich wieder davon ab, wie viele Chancen ein Kind oder eine Jugendliche hatten, genau das zu lernen.

Die Zusammenhänge sind nicht so sehr kompliziert: Wenn ein Kind von Mutter oder Vater immer wieder erfährt, dass sein Wohlergehen nicht wirklich wichtig ist, dann lernt es: Nimm dich nicht so wichtig, andere und anderes sind wichtiger als du. Das kann sich auf vieles beziehen, auf Essen und Trinken oder auf Wärme und Geborgenheit, aber auch auf die Gesundheit, auf Sorgen in der Schule und tausend andere Dinge. Kinder erhalten solche Botschaften durch viele Sätze oder Gesten. Zum Beispiel durch Sätze wie: »Ich hab jetzt keine Zeit für dich«, oder: »Sorg für dein Essen selbst, ich komme heute nicht dazu, dir etwas zu kochen«, oder: »Deine Halsschmerzen sind schon nicht so schlimm, stell dich nicht so an«, oder, oder, oder.

Das Kind lernt immer wieder das Gleiche: Meine Anliegen sind nicht so wichtig, ich bin nicht so wichtig. Also ist es das Beste, ich nehme mich selbst nicht wichtig. Dann werde ich auch nicht dauernd enttäuscht, wenn ich etwas nicht bekomme, was ich eigentlich brauche oder was ich mir gewünscht habe.

Es ist leicht nachzuvollziehen, dass es für ein Kind sehr schwer ist zu lernen, für sich selbst zu sorgen, wenn das scheinbar nicht so wichtig ist. Genauso schwer ist es, das zu lernen, wenn die Eltern das auch für sich selbst nicht können. Dann fehlt es dem Kind an Vorbildern, und damit steht die Fürsorge für sich selbst im Erwachsenenalter oft auf wackligen Füßen.

Leichter ist es dagegen, wenn die Grundhaltung, auf sich zu achten und mit sich selbst respektvoll umzugehen, von den Eltern durch ihr Verhalten dem Kind gegenüber, sich selbst gegen-über und im Miteinander vermittelt wird. Auch hier liegt der Zusammenhang auf der Hand: Vermitteln Eltern ihren Kindern, dass sie Respekt vor ihrer Person haben, und sei das manchmal noch so schwierig, dass sie bemüht sind, dem Kind die notwen-dige Anerkennung, Aufmerksamkeit und Fürsorge zuteil werden zu lassen, dann erfährt das Kind genau das: Dass es mit seinen Anliegen wichtig ist, dass es Respekt und Anerkennung verdient. Damit sind die Wurzeln angelegt, dass das Kind sich als Jugendlicher und Erwachsener selbst wichtig nimmt und die Verantwortung für sich übernehmen kann. Zugegeben, im Leben kann immer noch vieles schief gehen, aber die Wurzeln, die sind erst einmal da.

Genügt es nicht, werden Sie vielleicht fragen, wohlwollend mit sich selbst zu sein? Habe ich nicht damit schon genug zu tun? Und ist das nicht eigentlich dasselbe wie sich selbst Mutter und Vater sein? Nur anders verpackt? Und habe ich nicht schon einen wohlwollenden Begleiter an meiner Seite, ja, ein ganzes Führungsteam, und nun sollen auch noch Vater und Mutter dazu? Wird das nicht alles ein bisschen unübersichtlich?

Nun, das ist eben nicht dasselbe. Und zu viel wird es bestimmt nicht, schon deshalb nicht, weil jeder seinen Platz und seine Aufgabe genau kennt. Das Wohlwollen ist die Basis für die Fürsorge für sich selbst; ohne diese Basis kann sie sich gar nicht entwickeln. Das Wohlwollen ist eine Art grundsätzlicher Akzeptanz, die es als Erste zu schaffen und zu fördern gilt. Die Fürsorge für sich selbst – also sich selbst die beste Mutter und der ideale Vater sein – baut auf der wohlwollenden anerkennenden Grundhaltung auf und geht einen Schritt weiter. Sie bedeutet mehr, nämlich Verantwortung und Verpflichtung, für das eigene Wohlergehen, für die eigenen Anliegen und Bedürfnisse zu sorgen.

Wir sind selbst für uns zuständig, niemand sonst

Wie geht das nun: sich selbst Vater und Mutter werden? Eigentlich ist das nicht so schwierig. Denn eigentlich muss man nur das für sich selbst tun, was ein idealer Vater und eine ideale Mutter getan hätten oder tun würden. Im besten Falle ergänzen sich die beiden in ihren Rollen und in ihrer Grundhaltung, sie tauschen sich aus und stimmen sich ab. Mal ist der Vater großzügig und die Mutter konsequent, mal ist der Vater mild und die Mutter streng, mal ist es aber auch umgekehrt, der Vater ist der Strenge und die Mutter die Nachsichtige, Großzügige.

Auch hier geht es wieder darum, dass beide Kräfte gleichermaßen vertreten sind, die wohlwollende Seite und die fordernde. Das Prinzip taucht wieder auf, wie schon bei der Teamarbeit: Fürsorge für sich selbst muss nicht immer heißen, den einfachsten Weg zu gehen. Manchmal führt der einfachste Weg nur kurzfristig zu Erfolgen, manchmal ist es fürsorglicher, zunächst eine anstrengende Strecke hinter sich zu bringen, etwa eine schwierige Aufgabe zu erledigen, und sich dann auszuruhen und sich über das Erreichte zu freuen.

Das Wichtigste an der ganzen Sache aber ist, anzuerkennen, dass wir selbst die Verantwortung dafür tragen, fürsorglich mit uns zu sein. Und das nicht nur anzuerkennen, sondern es auch in eigenes Handeln umzusetzen. Anzuerkennen und umzusetzen, dass Vater und Mutter diese Fürsorge spätestens an uns abgegeben haben, seit wir erwachsen sind. Und schließlich, auch das ist wichtig: Zu akzeptieren, dass wir diese Zuständigkeit, diese Verantwortung an niemanden weitergeben können, auch nicht an eine Ehefrau, einen Lebenspartner oder an die eigenen Kinder.

Nun haben Sie vielleicht selbst Kinder und wissen, wie schwer es ist, »ideale Eltern« zu sein. Wenn nicht, dann erinnern Sie sich bestimmt gut, wie oft Ihre Eltern, wahrscheinlich trotz größter Anstrengung, doch hinter dem Ideal der »guten Eltern« zurückgeblieben sind. Dass es im Alltag oft Schwerstarbeit ist, Fürsorge für sich zu übernehmen, und dass das auch nicht immer von Erfolg gekrönt ist, davon müssen wir ausgehen.

Einen Grund hatte ich bereits genannt. Nicht immer haben Menschen in ihrer Kindheit und Jugend Gelegenheit gehabt, sich selbst als wertvolle und wichtige Personen wahrzunehmen, die Fürsorge wert sind. Und nicht immer hat es gute Modelle gegeben, wie Fürsorge und Verantwortung für das eigene Leben konkret aussehen können.

Eine andere, durchaus häufige Erschwernis liegt anderswo: Fürsorge für sich selbst gerät nicht selten in Konflikt mit der Fürsorge für andere oder in Konflikt mit Interessen, die andere Personen in der näheren Umgebung haben. Wenn beispielsweise ein Stationsarzt das dritte Wochenende in Folge einen Nachtdienst übernehmen soll und er schon ziemlich am Rande seiner Kräfte ist, dann würde Fürsorge für sich selbst eigentlich bedeuten, sich gegen diesen dritten Nachtdienst zu wehren – wenn nicht der Kollege, der den Nachtdienst dann übernehmen müsste, in fast genau derselben Situation stecken würde. Oder ein anderes Beispiel: Die Zeit für sich, die sich ein Vater nimmt, der sowohl im Beruf als auch in der Familie sehr engagiert ist, nimmt er fast immer und nahezu zwangsläufig jemandem anderen weg: Seiner Partnerin, die vermutlich ebensolche Wünsche und Bedürfnisse hat, seinen Kindern, die immer finden, dass der Papa nicht Zeit genug für sie hat, und vielleicht nimmt er sie auch noch der verwitweten Mutter weg, die sich danach sehnt, mehr Zeit mit ihrem Sohn zu verbringen.

In solchen Konfliktfällen gibt es keine »ideale Lösung«. Wichtig ist es, Kompromisse einzugehen, die mal der einen, mal der anderen Seite entgegenkommen. Jedenfalls so, dass im Großen und Ganzen die Fürsorge für sich selbst nicht auf der Strecke bleibt.

Prinzen gibt es nur im Märchen

Wenn es an der Fürsorge für sich selbst fehlt, dann kann das noch einen anderen, gar nicht so seltenen Grund haben. Es kann nämlich an Wünschen liegen, die tief in der Kindheit vergraben sind und etwas mit dem Mangel an Fürsorge, an Liebe und Anerkennung zu tun haben, die ich am Anfang des Kapitels erwähnte. Bleiben viele dieser Wünsche unerfüllt – weil die Eltern sie nicht ausreichend befriedigen konnten oder weil Schicksalsschläge zu Entbehrungen an Liebe und Anerkennung geführt haben –, dann kann es geschehen, dass diese ungestillte Sehnsucht, etwas von anderen wichtigen Personen zu bekommen, sich fest einnistet. Und dass sie sich immer wieder bemerkbar macht, wenn im Leben Menschen auftauchen, die Liebe und Anerkennung geben könnten.

Das sind häufig die Ehepartner oder Lebenspartnerinnen, können aber auch wichtige Freundinnen oder Freunde sein, manchmal können sich solche Wünsche nach Liebe und Fürsorge auch an Vorgesetzte richten. Meist geschieht das unbemerkt, oft ist diese Sehnsucht gar nicht mehr spürbar. Aber geblieben ist der starke, ganz konkrete Wunsch, der Partner oder die Ehefrau möge einen doch mehr verwöhnen, es einem leichter machen, man möge als Zeichen der Liebe oder Anerkennung doch etwas geschenkt bekommen oder Ähnliches.

Auch hier ist es wieder wichtig, dass sich keine Missverständnisse einschleichen. Der Wunsch nach Liebe und Anerkennung, auch der Wunsch nach Zeichen von Liebe und Anerkennung in Form von Geschenken, Komplimenten oder anderen Formen von Aufmerksamkeit, ist so alt wie die Menschheit. Weil der Mensch ein soziales Wesen ist und sich auch in seinem Nächsten, insbesondere dem Nächsten, der ihm Wärme und Geborgenheit gibt, als wertvoll und liebenswert erkennt.

Wenn der Wunsch, Liebe und Anerkennung von anderen zu bekommen, allerdings so stark ist, dass es der Person selbst unmöglich ist, sich Liebe, Anerkennung und Fürsorge selbst zu geben, dann ist das für erwachsene Menschen sehr ungünstig. Denn in dem Moment sind sie abhängig, dass andere das für sie tun. Das können oder wollen andere oft aber nicht, besonders nicht in dem Maße, wie es für die Person dann notwendig wäre.

Wenn es solche tief verborgenen unerfüllten Wünsche gibt, die die Fürsorge für sich selbst behindern, dann heißt es Abschied nehmen. Abschied von dem Traum, diese alten Sehnsüchte würden gestillt, wenn der Prinz daherkommt oder die Prinzessin und einem alle diese Wünsche endlich erfüllt. Die Wünsche nach Liebe, nach Anerkennung, nach Wertschätzung. Das ist der schmerzliche Teil dieser Einsicht: Es ist unsinnig zu warten, bis ein Prinz dahergeritten kommt oder eine Prinzessin den Weg zum einsamen Schloss findet.

Es gibt aber auch eine beglückende Seite an dieser Einsicht. Wenn ich entscheiden kann, das Warten aufzugeben, dann kann ich mich auch entschließen, mir die Liebe, Anerkennung und schließlich auch die Fürsorge selbst zu geben. Wenn ich nicht mehr warte, kann ich handeln. Dann kann ich mich mir selbst zuwenden und mir die Fürsorge geben, die ich brauche.

Beispiel **Benjamins kranker Vater**

Benjamins Kontakt zu seinem Vater war abgebrochen, als seine Mutter mit ihm und seinen vier Geschwistern den Vater verlassen hatte. Damals war er vierzehn Jahre alt. Wenn er sich überhaupt an etwas erinnern konnte aus der Zeit vor diesem Schritt, waren es Szenen, in denen sein Vater betrunken war und seine Mutter verprügelte. Dann stand er mit seinen jüngeren Geschwistern oben an der Treppe und betete, der Vater möge aufhören damit, endlich weggehen und nicht wiederkommen. Und in seltenen Fällen erinnerte Benjamin sich auch daran, wie er sich ausgemalt hatte, sein starker Vater würde ihn zur Schule begleiten und beschützen vor den älteren Mitschülern, die ihn häufig wegen seiner leichten Gehbehinderung drangsalierten. Dazu war es jedoch nie gekommen, weil der Vater, solange Benjamin denken konnte, tagsüber im Bett lag und seinen Rausch ausschlief.

Das alles kam Benjamin wieder sehr nahe, als sein Vater, inzwischen schwer an Krebs erkrankt, sich wünschte, Benjamin zu sehen. Diesen Wunsch vertrat der Vater mit großem Nachdruck, ja sogar mit dem Anspruch, als kranker Vater ein Recht darauf zu haben. War es nicht grausam und unmenschlich, fragte sich Benjamin, dem Vater den Wunsch nach Kontakt zu verweigern? Oder gab es berechtigte und moralisch vertretbare Gründe, diesem Wunsch nicht nachzukommen?

Während sich Benjamin mit diesen Fragen quälte, wurde ihm plötzlich schmerzlich bewusst, wie sehr er sich immer noch wünschte, sein Vater möge ihn beschützen, ihm seine Liebe und Anerkennung zeigen. Und im selben Moment wurde ihm klar, dass so, wie der Vater seinen Wunsch äußerte, wie er seinen Anspruch quasi einforderte, dass es dem Vater gar nicht um ihn, seinen Sohn, sondern ausschließlich um sich selbst ging. Und dass weiteres Hoffen auf Liebe und Anerkennung durch den

Vater ganz und gar vergeblich wäre. Diese schmerzliche Einsicht ermöglichte Benjamin, der längst schon erwachsen war, von dem alten Kinderwunsch Abschied zu nehmen. Erst danach konnte er sich selbst in kleinen Schritten der beste aller Väter werden.

Manchmal ist der Grund, weshalb es an Fürsorge für sich selbst mangelt, offenkundig. Dann ist die Sache einfach. Dann gilt es, einen Plan zu machen und ihn auch ernst zu nehmen, wie der Mangel zu beheben ist, dann Schritte zu überlegen, wie der Plan am besten umzusetzen ist, und schließlich in regelmäßigen Abständen zu überprüfen, ob der Plan eingehalten wird oder nicht. Dabei können die Anregungen des vorangegangenen Kapitels zum Erreichen von Zielen helfen.

Oft aber ist die Sache komplizierter, sind die Spuren, wo es an Fürsorge für sich selbst fehlt, verwischt. Dann ist der Mangel unter einem Haufen vermeintlich guter Erklärungen versteckt. Manchmal merkt man es selbst gar nicht, sondern die anderen machen sich Sorgen, fragen, ob es einem nicht gut geht, schlagen vor, mal wieder Urlaub zu machen oder wenigstens ein paar Tage frei. Dann ist ein bisschen Detektivarbeit notwendig.

Ich nehme noch einmal das Bild von Vater und Mutter zu Hilfe. Wenn Eltern ihre Kinder vernachlässigen, verwahrlosen diese, manchmal offensichtlich, manchmal versteckt. Vielleicht sind sie nicht gut genährt oder gekleidet, lungern herum und beschäftigen sich mit Dingen, die ihnen nicht wirklich gut tun. Vielleicht sind sie unaufmerksam in der Schule und schnell gereizt, vielleicht sind sie aggressiv oder ganz in sich zurückgezogen.

Im Grunde kann sich die Fürsorge für sich selbst – oder deren Vernachlässigung – auf jeden Lebensbereich und auf jedes Bedürfnis beziehen. Hier einige Beispiele, wo der Mangel nach meiner Erfahrung bei Erwachsenen häufig vorkommt:

- Grundbedürfnisse wie Essen, Trinken und Schlafen, Wärme und Geborgenheit;
- Zeit für sich zu haben;
- Zeit für Lieblingsbeschäftigungen zu haben;
- Zeit für Bewegung und Sport zu haben;
- Kontakt mit der Familie oder Freunden.

Da auch die Fürsorge für sich selbst, und entsprechend auch der Mangel daran, wie so vieles, mit dem wir uns schon beschäftigt haben, bei jedem anders ist, möchte ich Sie einladen, sich selbst wohlwollend und zugleich kritisch ein paar Fragen zu stellen. Die Antworten können Ihnen Aufschluss geben, ob und wie das Ausmaß an Fürsorge für sich selbst Ihren Bedürfnissen gerecht wird.

- Wenn Sie jeden Tag eine Stunde geschenkt bekämen – was würden Sie dann mit dieser Zeit tun?
- Wenn Sie eine Woche geschenkt bekommen würden – was würden Sie in dieser Woche tun?
- Hören Sie gelegentlich von einem Menschen, der Ihnen positiv gegenübersteht, so etwas wie: »Mach doch mal wieder ...«, oder: »Gönn dir doch mal ...«, oder: »Dann nimm dir doch mal Zeit für ...«? Um was handelt es sich dann?
- Kennen Sie jemanden, der besser für sich sorgt als Sie? Wie macht diese Person das? Würden Sie etwas davon auch gern können?

Sind Sie zufrieden mit Ihren Antworten? Oder geben sie Ihnen Hinweise, wo bei Ihnen ganz speziell der Mangel verborgen ist? Kommen Ihnen Ideen, wie Sie diesen Mangel beseitigen können? Oder sind Sie schon mit den Argumenten beschäftigt, warum gerade dieser Mangel nicht zu beheben ist, warum es diesen Mangel gibt und dass es da im Moment auch überhaupt gar keine Abhilfe gibt. Sollten Sie tatsächlich mit diesen Argumenten beschäftigt sein, dann möchte ich Ihnen noch ein paar andere Fragen vorschlagen:

- Wie wichtig ist Ihnen die Fürsorge für sich selbst?
- Was ist in Ihrem Leben alles wichtiger als die Fürsorge für sich selbst?
- Was geschieht eigentlich langfristig, wenn Sie nicht ausreichend für sich sorgen?

Wenn Ihre Antworten Sie nicht beunruhigen, dann gibt es keinen Anlass, sich weiter mit diesem Punkt zu beschäftigen. Denn dann liegt der Schluss nahe, dass es um die Fürsorge für sich selbst bei Ihnen gut bestellt ist. Und das ist ein prima Ergebnis.

Anders sieht es aus, wenn Sie die Antworten doch etwas beunruhigen und der Zweifel an Ihnen nagt, ob das wirklich so weitergehen kann mit dem Mangel. Dann lohnt es sich bestimmt, einige Mühe darauf zu verwenden, den nächsten Schritt zu tun und zu planen, wie Sie die Fürsorge für sich selbst verbessern können. Oder anders formuliert: die Rolle der guten Mutter und des guten Vaters für sich selbst ernst zu nehmen und sich selbst mehr Fürsorge zu schenken.

Der Spruch auf der Postkarte, der irgendwie nicht stimmt

Sich selbst wichtig nehmen, sich selbst im Leben die Bedeutung zugestehen, nach der man sich schon lange sehnt, sich selbst, seine Bedürfnisse und Wünsche zu respektieren und anzuerkennen – neben der grundsätzlich wohlwollenden Haltung benötigt das Zeit. Und die muss man sich nehmen. Die wird einem nicht geschenkt, auch nicht großzügig überlassen. Und noch etwas ist nötig: die Ernsthaftigkeit des Anliegens, die Wertschätzung für sich selbst zu vergrößern, den eigenen Selbstwert zu steigern.

Eine Freundin hat mir einmal eine Karte mit einem Spruch geschenkt: »Natürlich weiß der Mensch, was er wirklich braucht. Aber dann hat er doch wieder keine Zeit!« Von Anfang an hat mich der Spruch auf dieser Karte geärgert, nicht, weil die Freundin damit liebevoll-ironisch auf mich zeigte, sondern weil mir irgendetwas daran falsch vorkam. Ich habe lange gebraucht, bis ich herausgefunden habe, was mich daran gestört hat. Der zweite Teil des Spruches stimmt nicht, er müsste heißen: »Aber dann nimmt er sich die Zeit dafür doch nicht!«

Aber das ist doch nicht Sache des freien Willens, könnten Sie empört einwenden, vor allem dann, wenn Sie daran denken, wie Sie mit den Zeitdieben kämpfen, wie Sie im Kampf gegen den vollen Terminkalender und die lange Latte von Aufgaben unterliegen. Und doch, es gibt keine andere Möglichkeit: Sie werden sich wichtig nehmen müssen. Sie werden Wege finden müssen, wie Sie Ihre Achtsamkeit, Ihre Wertschätzung und Ihre Fürsorge für sich selbst erhöhen können.

Wenn Sie wollen, dass Ihr Selbstwert wächst, gibt es keine andere Möglichkeit, als sich selbst zu zeigen, wie wichtig Sie sind. Es ist ziemlich unwahrscheinlich, dass jemand anderes Ihnen in Ihrem Alltag die Schneise für diese wichtigen Anliegen freischlägt und freihält.

Auf diesem Weg kommen Sie nur voran, wenn Sie Ihren Entschluss, mehr und besser für sich zu sorgen, wirklich ernst nehmen. Und ihn in Handlungen umsetzen. Dieses Ernstnehmen und dann entscheiden, wie viel Energie Sie einsetzen – erinnern Sie sich noch: Ziele festlegen und Schritte planen ... –, das ist genau so, als würden Sie sich selbst gegenüber eine Verpflichtung eingehen. Als würden Sie sich verpflichten, jeden Tag, jede Woche Zeit und Energie dafür einzusetzen, genau die Schritte zu tun, die Sie dem Ziel, Ihren Selbstwert zu stärken, näher bringen.

Was Sie selbst tun können

Vorschlag 1   **Kleine Gesten der Fürsorge im Alltag**
Richten Sie Ihre Aufmerksamkeit auf die kleinen Gesten der mangelnden Fürsorge im Alltag. Das könnten solche einfachen Dinge sein, wie am Arbeitsplatz nicht genug zu trinken oder zu essen zur Verfügung zu haben – und dann am Abend völlig ausgetrocknet oder ausgehungert zu sein. Oder: zu spät ans Einkaufen zu denken – und dann die kläglichen Reste aus dem Kühlschrank zusammen-

kratzen zu müssen. Oder: immer fünf Minuten zu wenig Zeit zu haben, um in Ruhe die Tasche zu packen oder das Frühstück zu richten – und dann gehetzt und schlecht vorbereitet den Tag zu beginnen. Oder, oder, oder.

Wählen Sie eine kleine Alltagsgeste aus, auf die Sie besonders achten wollen, um besser für sich zu sorgen. Legen Sie sich fest, was Sie für welchen Zeitraum tun wollen. Werten Sie dann Ihre Erfahrungen aus und prüfen Sie, ob es sich lohnt, diese Fürsorge verlässlich in Ihrem Alltag zu verankern.

Postkartensammlung mit Wohlfühl-Ideen *Vorschlag 2*

Schreiben Sie jede Idee, wie Sie für sich sorgen können, einzeln auf eine Postkarte (wenn Sie Spaß an schönen Postkarten haben, können Sie jeweils ein passendes Motiv für die Ideen wählen). Immer wenn Ihnen etwas Neues einfällt, fügen Sie eine neue Karte hinzu. Wenn Sie das eine Weile machen, haben Sie bald eine kleine sehr persönliche Sammlung von Wohlfühl-Ideen. Die kann besonders nützlich sein, wenn es Ihnen mal nicht so gut geht und Ihnen einfach gar nichts einfallen will, was Sie Gutes für sich tun könnten.

Benutzen Sie die Postkartensammlung wie ein kleines Tagebuch: *Variante* Notieren Sie jedes Mal, wenn Sie das, was auf der Karte steht, gemacht haben, das Datum und vielleicht noch eine kurze Bemerkung, wie gut Ihnen das getan hat. Schon nach kurzer Zeit haben Sie eine prima Übersicht, was Sie wie oft machen, was Sie wie lange nicht gemacht haben und was Ihnen besonders gut getan oder besonders viel Spaß gemacht hat.

Etwas *nicht* tun, um etwas für sich zu tun *Vorschlag 3*

Beginnen Sie Ihren Tag einmal ganz ungewöhnlich: Fragen Sie sich: Was kann ich heute auslassen, damit Zeit bleibt, um gut für mich zu sorgen? Wenn Sie entschieden haben, was Sie heute nicht tun, dann legen Sie sich fest, was Sie in dieser Zeit für sich tun und wann genau Sie das tun. Aber Achtung: Passen Sie auf, dass die Zeit, die Sie sich durch das Nicht-Tun geschaffen haben, nicht unbemerkt und ungenutzt wieder verschwindet. Manchmal lässt man sich durch den gewonnenen Spielraum unwillkürlich mehr Zeit (was ja auch genussvoll sein kann), doch ehe man sich versieht, ist er verloren. Das wäre nicht wirklich Sinn der Übung, wenn auch die größere Gelassenheit schon einen Gewinn bedeutet.

Vorschlag 4

Trost oder Freude aus Kindertagen

Manchmal kann es sehr gut tun, sich selbst Mutter oder Vater zu sein, indem man genau so etwas tut, was früher einmal Vater oder Mutter für einen getan haben. Das könnte ein Lieblingsgericht kochen sein, das in Kindertagen Trost oder Freude gespendet hat; das könnte einen Stock oder ein Schiffchen schnitzen sein; das könnte genau diese eine Süßigkeit kaufen sein (falls es die noch gibt). Überlegen Sie: Gibt es etwas (oder etwas Ähnliches), was Sie für sich tun können? Etwas, das Ihnen wohl tut, was früher einmal Ihr Vater oder Ihre Mutter für Sie getan haben? Dann tun Sie es!

Vorschlag 5

Eltern-Ritual

Schaffen Sie sich ein kleines Eltern-Ritual: Rufen Sie einmal in der Woche, am besten immer an demselben Wochentag, Ihre ideale Mutter und Ihren idealen Vater an Ihr Bett. Lassen Sie die beiden sich in Ihrer Phantasie liebevoll über Sie beugen. Und dann hören Sie den beiden zu, wie sie miteinander reden: »Hat sie, hat er (das sind Sie!) genug Fürsorge gehabt diese Woche? Was könnte er, was könnte sie noch gebrauchen, damit es ihm, ihr richtig gut geht? Hat sie, hat er sich wenigstens ein bisschen Zeit für sich selbst genommen? ...«
Setzen Sie Energie ein, die Ideen, die Vater und Mutter ausgetauscht haben, in Ihrem Alltag zu verwirklichen.

Variante

Wenn Sie wirklich fest entschlossen sind, in Zukunft sehr viel mehr und besser für sich zu sorgen, dann ist es ideal, Sie nehmen sich jeden Abend Zeit für das Eltern-Ritual.

Vorschlag 6

Rendezvous mit sich selbst

Verabreden Sie ein Rendezvous mit sich selbst: Ein halber Tag oder ein Tag nur für Sie selbst, an dem Sie tun und lassen können, was Sie wollen: schlafen, Zeitung lesen, bummeln, baden, surfen ... Wichtig ist dabei, sich auf einen Zeitpunkt festzulegen, also nicht auf eine

Gelegenheit zu warten (die dann doch nicht kommt), sondern Ihren Zeitplan so zu organisieren, dass dieses Rendezvous von Ihrer Seite aus sicher ist (so sicher, wie eine Verabredung mit jemandem wäre, in die oder in den Sie sich unsterblich verliebt haben).

Wenn Sie mit diesen Rendezvous gute Erfahrungen sammeln, dann machen Sie daraus ein Ritual: Einmal pro Monat oder einmal pro Quartal ist Ihr Rendezvous-Tag. Wenn Sie das ein halbes Jahr gemacht haben, werden Sie es nicht mehr missen wollen und Sie werden merken, wie viel Kraft Sie aus der Sicherheit dieser Verabredung mit sich selbst schöpfen können. *Variante*

Sich einen Herzenswunsch erfüllen

Vorschlag 7

Nehmen Sie Ihre Herzenswünsche und Ihre geheimen Träume ernst. Ein Vorschlag, den Sie vielleicht sehr ungewöhnlich finden, vielleicht auch unmöglich – er entspringt aus der Beobachtung, wie sehr es den Selbstwert stärken kann und wie viel Energie es freisetzen kann, sich einen Herzenswunsch zu erfüllen oder einen lang gehegten Traum wahr zu machen. Das wirkt aus dem ganz einfachen Grund so positiv, weil damit die Erfahrung verknüpft ist, sich selbst, auch und besonders in seinen verborgenen Wünschen und Träumen wichtig zu nehmen. Das ist ein Aspekt. Es gibt noch einen anderen: Oft ist es mit Anstrengung oder Verzicht, mit irgendeiner Form von besonderer Leistung verbunden, sich einen Herzenswunsch erfüllen zu können (eine besondere Reise, für die man lange sparen muss, ein besonderer Gegenstand, für den man auf etwas anderes verzichtet, etwas lernen, was gar nicht so leicht zu lernen ist ...). Sich selbst dann diese Anstrengung, diesen Verzicht, diesen Aufwand wert zu sein, das ist ein Signal, das den Selbstwert stärkt. Deshalb also mein Vorschlag: Erforschen Sie Ihr Herz – gibt es einen lange gehegten Wunsch, den Sie sich erfüllen können?

Wenn Sie gern mehr zu diesem Thema lesen möchten

Jennifer Louden: Tu dir gut! Das Wohlfühlbuch für Frauen. München: Goldmann, 2004.

Jennifer Louden: Tut euch gut! Das Wohlfühlbuch für Paare. München: Goldmann, 2005.

Luise Reddemann: Eine Reise von 1000 Meilen beginnt mit dem ersten Schritt. Seelische Kräfte entwickeln und fördern. Freiburg: Herder, 2004.

8 Die Schatzkiste füllen und den Weg zu ihr freihalten

Inzwischen haben Sie eine beachtliche Strecke zurückgelegt. Sie haben erfahren, wie Sie Ihre wohlwollende Begleiterin stärken können, was Sie tun können, um Ihren Kritiker vom hohen Ross herunterzuholen und wie man Faulpelze rehabilitiert. Dann hat es noch ein paar Lektionen in guter Teamarbeit gegeben, und die Elternschule hatte auch ihre Türen geöffnet. Fast am Ende dieses Weges angekommen, möchte ich Sie einladen, für sich aus den vielen, hoffentlich guten, Erfahrungen und Entdeckungen, die Sie auf diesem Weg gemacht haben, Ihre ganz persönliche Schatzkiste zu füllen.

Ihnen fällt nichts ein, was in einer solchen Kiste drin sein könnte oder was Sie dort hineinlegen könnten? Das kann ich mir kaum vorstellen. Vielleicht verstecken Sie Ihre Stärken, Tugenden, Ihre Kenntnisse und Ihr Können noch hinter einem Berg aus Selbstzweifeln. Vielleicht hat Ihre wohlwollende Begleiterin noch nicht genug Gelegenheit gehabt, zu Wort zu kommen, oder vielleicht hat Ihre Kritikerin noch zu viel Macht. Möglicherweise regen zwei Beispiele aus der Praxis Ihre Phantasie an.

Babette, der Bär und das Salsa-Fieber

Beispiel

Babette und ich hatten vereinbart, einmal zusammen zu schauen, was sich im Laufe der Arbeit so alles gesammelt hat, was in einer Schatzkiste Platz hätte. Und so brachte sie eine wunderschöne, mit feinem italienischen Blumenpapier versehene Kiste mit. Sie hatte diese Kiste selbst beklebt. Das hatte sie in einem Kurs über Papierkunst gelernt, in dem sie viel Spaß gehabt und entdeckt hatte, wie fingerfertig sie ist, wenn sie sich Zeit für solche Arbeiten lässt.

Der erste Schatz war also die Kiste selbst. Babette hatte in der Woche vor unserem Termin für alles, was sie in diese Kiste legen wollte, einen Gegenstand gesammelt, der wie ein Zeichen oder ein Symbol für ihre Stärken, ihre Kraft oder für gute Erfahrungen stehen sollte. Da war zunächst einmal ein großer Kasten mit Buntstiften, der für ihre Freude stand, die sie beim Malen und Zeichnen entdeckt hatte. Dann hatte sie eine Feder gesammelt für die Leichtigkeit, die sie manchmal erfasste und gleichsam hochhob, wenn sie sich zu einem Spaziergang oder einer Wanderung in der Natur entschieden hatte. Manchmal war diese Entscheidung gar nicht leicht, weil der Terminkalender von Babette nicht viel Spielraum ließ, und gerade dann empfand Babette die Leichtigkeit, die Heiterkeit, in der Natur zu sein, als ein besonders großes Geschenk.

Außerdem fand sich noch ein kleines Stück Kordel mit vielen Knoten darin. Diese kleine Kordel hatte Babette als Erinnerung daran geknüpft, wie gut es ihr gelungen war, die vielen Knoten ihrer Lebensgeschichte und die vielen »Gefühlsknoten« geduldig nach und nach aufzuknüpfen. So stand diese Kordel für ihre Fähigkeit, Probleme mit Geduld und Durchhaltevermögen zu verstehen und zu lösen. Dazu passte ein Bleistiftstummel, an seinem Ende ganz schön angekaut, der so etwas Ähnliches symbolisierte: ihre Fähigkeit, sich durchzubeißen, wenn es hart auf hart geht.

Der lustigste Bewohner dieser Kiste war ein kleiner Tanzbär zum Aufziehen, der dazu auch noch Geräusche machte, die jeden Zuhörer unweigerlich zum Lachen brachten. Diesen Bär hatte Babette mit einem Augenzwinkern für ihr neu entdecktes Salsa-Fieber gewählt. Das Augenzwinkern deshalb, weil sie selbst und wohl auch ihre Tanzpartner fanden, dass sie sich dabei zwar nicht als besonders begabt erwies, aber trotzdem viel Spaß dabei hatte. Gleichzeitig drückte dieser Bär die Freude über die Entdeckung ihres Körpers und des Genusses bei der Bewegung aus.

Mirkos Mut zu fragen

Beispiel

Mirko hatte sich auf diese Schatzkisten-Stunde ganz anders vorbereitet. Ihm war spontan nicht so viel eingefallen, was ihm der wohlwollende Begleiter nicht schon in seinen Briefen, die er die Wochen zuvor von diesem bekommen hatte, geschrieben hatte. Deshalb hatte er eine kleine Befragung unter seinen engsten Freundinnen und Freunden gemacht und hatte immer die gleiche Frage gestellt, nämlich: »Was gefällt dir am meisten an mir?« Er erzählte, dass ihn diese Frage anfangs noch Mut gekostet hätte, es ihm dann aber zunehmend Spaß gemacht habe, weil ihm immer neue, zum Teil richtig witzige Erklärungen eingefallen waren, warum er diese Frage stellte.

Die Antworten hatte er alle in ein kleines schwarzes Heft eingetragen, das er in Anspielung auf den grimmigen Nikolaus, der ihm am 6. Dezember in seiner Kindheit immer aus dem Schwarzen Buch seine Missetaten vorgelesen hatte, Goldenes Buch getauft hatte. Hier seine Eintragungen: Du bist witzig. Du bist ein guter Kumpel. Mit dir kann man Pferde stehlen. Auf dich kann ich mich verlassen. Du kannst gut zuhören. Du redest nur, wenn du was zu sagen hast. Deine Nachdenklichkeit. Du bist mutig. Auf meine Frage, was Mirko an sich selbst am besten gefällt, lachte er: »Dass ich mich getraut habe, diese Frage zu stellen.«

Regen die Beispiele Sie an, sich ein wenig intensiver mit Ihrer Schatzkiste zu beschäftigen? Ich empfehle Ihnen, das in zwei Schritten zu tun. Im ersten Schritt entscheiden Sie sich, wie Ihre Schatzkiste aussehen soll. Ob Sie, wie Babette, eine richtige Kiste oder eine schöne Schmuckdose nehmen oder ob Sie lieber eine Art »Goldenes Buch« wie Mirko wählen wollen. Oder – dritte Möglichkeit – ob Sie es ganz und gar bei einer »virtuellen Kiste« belassen wollen, die in Herz und Hirn einen festen Speicherplatz behält, aber nicht sichtbar und fühlbar ist.

Schon bei der Wahl der wohlwollenden Begleiterin habe ich persönlich eine Figur als Symbol bevorzugt. Auch hier empfehle ich Ihnen eine echte Kiste, die für Sie als Symbol stehen kann und Dinge als Zeichen für Ihre Schätze enthält, die Sie nicht übersehen können. In düsteren Momenten, in denen man so gar kein gutes Haar an sich lassen will, kann das besonders wichtig und hilfreich sein. Gerade dann wollen einem ja die eigenen Stärken und Schätze nicht so gut einfallen. Wie hilfreich ist es, wenn dann der Blick auf die Schatzkiste fallen und man sogar hineinschauen kann, was man in guten Zeiten so alles hineingelegt hat. Deshalb sollte Ihre Schatzkiste auch einen sicheren und gut zugänglichen Platz erhalten.

Wenn Sie Ihre Wahl getroffen haben, folgt der zweite Schritt. Jetzt geht es um die Schätze in der Kiste. Wir wollen uns einmal die verschiedenen Möglichkeiten ansehen, welche Stärken, Reichtümer oder Tugenden ein Mensch haben kann. Hier eine Auswahl, die für Sie als Anregung dienen soll, wie Sie sich beschreiben könnten:

- **Eigenschaften oder Merkmale,** die einen Menschen kennzeichnen und auszeichnen können, wie beispielsweise Treue, Verlässlichkeit, Humor, Fleiß, Konsequenz, Klugheit, Empfindsamkeit, Warmherzigkeit, Einfühlungsvermögen …
- Davon kaum zu unterscheiden sind **Haltungen und Einstellungen** wie Toleranz, Neugierde, Risikobereitschaft, Kontaktfreude, Fairness, Hilfsbereitschaft, Dankbarkeit, Großzügigkeit …
- **Fähigkeiten,** etwas gut zu können: Probleme auf den Punkt bringen, technische Aufgaben lösen, mit Geld umgehen, Landkarten lesen, Kompromisse aushandeln, knifflige Familienprobleme lösen, Feste oder Reisen organisieren, mit den Händen etwas herstellen, einen Sport erlernen …
- **Wissen und Kenntnisse:** sich auszukennen in dem Fachgebiet Ihres Berufs, aber auch in der Gegenwartsgeschichte, in den Rechtschreibregeln, im Umweltschutz, in der Musik, im Internet, in der Holzbearbeitung, in der Pflanzenkunde, in der Kinowelt, in Fremdsprachen …
- **Erfahrungen,** die man mit sich selbst macht, und Erfahrungen, die man in der Welt, mit dem Leben und mit anderen Men-

schen macht: Eine schwere Krankheit bewältigt zu haben, Leid ertragen zu haben, in einer schwierigen Situation die Nerven behalten zu haben, anderen beigestanden zu haben, Rat gewusst zu haben, in einer anderen Kultur gelebt zu haben, mit wenig Geld auskommen zu können, mit Menschen auf engem Raum leben zu können, lange Zeiten des Alleinseins aushalten zu können …

Martin E. P. Seligman, der wichtigste Vertreter der Positiven Psychologie, hat mit seinen Kollegen zu dem Thema Charakterstärken und Tugenden sehr viel geforscht. Er beschreibt sechs universelle Tugenden mit insgesamt 24 Stärken. Nach seinen Forschungsergebnissen hat jeder Mensch etwa vier bis sechs besonders stark ausgebildete Stärken und ebenso viele Schwächen (Stärken, die gering ausgeprägt sind).

I. Weisheit und Wissen	II. Mut	III. Humanitas und Liebe
Neugierde	Tapferkeit	Menschenfreundlichkeit
Lerneifer	Durchhaltekraft	
Urteilskraft	Integrität	Lieben und sich lieben lassen
Kreativität		
Soziale Intelligenz		
Weitblick (Weisheit)		

IV. Gerechtigkeit	V. Mäßigung	VI. Transzendenz
Staatsbürgertum	Selbstkontrolle	Schönheitssinn
Fairness	Klugheit	Dankbarkeit
Führung	Bescheidenheit	Optimismus
		Spiritualität
		Vergebung
		Humor
		Begeisterung

Martin E. P. Seligman: Der Glücks-Faktor. Oder: Christopher Peterson & Martin E. P. Seligman: Character Strengths and Virtues

In jedem der genannten Bereiche sind Schätze verborgen, die es zu entdecken gilt. Mir scheint es oft besonders lohnend, sich zu vergegenwärtigen, welche stärkenden und Sinn gebenden Erfahrungen wir bisher in unserem Leben schon gemacht haben. Das sind fast immer Erfahrungen, die das eigene Leben geprägt haben. Erfahrungen, die oft sogar schwierig und leidvoll, mit Kummer und Enttäuschung verbunden waren und die trotzdem dazu beigetragen haben, dass sich unser Blick auf das Leben geändert hat, vielleicht sogar der Blick auf unsere eigene Kraft und unsere eigenen Stärken.

Beispiel   **Christians gute Nerven**

Christian hat Angst, der vor ihm liegenden Anforderung nicht gewachsen zu sein. Er soll zum ersten Mal alleine ein Produkt seiner Firma bei einem zahlungskräftigen, großen Kunden vertreten und einen dicken Auftrag mit nach Hause bringen. Er hat Angst zu versagen, seine Chefin, sich selbst und seine Kollegen zu enttäuschen, Angst, eine Niete zu sein und es bis in alle Ewigkeit zu bleiben. Die in den vorangegangenen Monaten sorgfältig gefüllte Schatzkiste schien zunächst unter einem Dickicht von Angst verborgen zu sein. Aber zum Glück hat eine der Notfallmaßnahmen zur Bergung der Schatzkiste (dazu später mehr) geholfen, und Christian konnte sich seine Stärken vergegenwärtigen:

»Wenn ich gut vorbereitet bin, habe ich starke Nerven. Ich bin ein guter Verkäufer. Ich kann überzeugen. Ich bin schon in anderen Situationen allein gewesen und habe die Produkte der Firma gut vertreten und verkauft. Ich werde es auch überstehen, wenn ich tatsächlich den Auftrag nicht bekomme, denn ich habe schon andere Situationen überstanden, in denen etwas nicht geklappt hat. Darüber hinaus ist meine Chefin fair und realistisch. Wenn ich ohne den Auftrag zurückkomme, wird sie alle Faktoren berücksichtigen, die dazu beigetragen haben, und nicht einfach mir die Schuld geben. Ich bin klug genug, Erklärungen für einen solchen Misserfolg zu finden und mich nicht einfach pauschal dafür zu verurteilen.«

Jetzt geht es um Ihre Stärken und Fähigkeiten, Ihre Kenntnisse und wertvollen Erfahrungen. Vielleicht fällt es Ihnen leicht, sich diese oft genug und gerade in schwierigen Situationen zu vergegenwärtigen und immer wieder aus diesem Bewusstsein Kraft zu schöpfen. Dann sind Sie schon dabei, Ihre Schätze zu nutzen. Möglicherweise können Sie aber auch die Vorschläge am Ende des Kapitels noch dabei unterstützen: Wählen Sie diejenigen aus, die Ihnen am besten geeignet scheinen, Ihnen dabei zu helfen, Ihre Schatzkiste zu füllen. Auch hier ist es wieder wichtig, dass sich keine Missverständnisse einschleichen: Mit einem Mal Schatzsuche ist es sicherlich nicht getan. So ein Schatz will, wie all die anderen wertvollen Dinge, um die es bisher gegangen ist, gehegt und gepflegt werden. Und das Allerschönste ist natürlich, wenn er im Laufe der Wochen und Monate anwächst zu einem veritablen Reichtum.

Nur – von allein wächst dieser ganz besondere Schatz nicht. Meistens muss man sich schon anstrengen dafür. Allein die Gewissheit, über einen Schatz, über Stärken zu verfügen, genügt nicht. Das Geheimnis liegt darin, die eigenen Stärken auch zu nutzen.

Das leuchtet Ihnen sofort ein, wenn Sie an einen Menschen denken, dessen große Stärke das Lösen von technischen Problemen ist. Dieser Mensch wird nicht allein aus dem Wissen darum Kraft schöpfen, sondern er wird traurig und unzufrieden werden, wenn er nicht dafür sorgt, diese Stärke einzusetzen. Oder ein anderes Beispiel: Wenn eine Person besonders wiss- und lernbegierig ist, aber im Alltag zu wenig Zeit bleibt, den eigenen Horizont zu erweitern, dann wird sie die Freude und die Kraft, die darin liegt, nicht spüren und nicht nutzen können. Die Kraftquellen sind also im ersten Schritt das Wissen um die eigenen Schätze – im zweiten aber auch das Nutzen dieser Schätze.

Das Bild von der Schatzkiste, so zweifeln Sie womöglich jetzt, das ist ja ganz nett, aber im Alltag, da sehen die Dinge doch anders aus. So völlig Unrecht haben Sie damit nicht. Ich weiß leider nur zu gut, wie schwierig es im Alltag ist, die Schatzkiste im Auge zu behalten. Immer wieder muss man dann erfahren, dass trotz aller guten Absichten die Schatzkiste verschlossen bleibt und Mutlosigkeit um sich greift.

In solchen Momenten vergisst die wohlwollende Begleiterin den Griff in die Schatzkiste, stattdessen sitzen Kritiker und Faulpelz auf der Kiste und denken gar nicht daran, den Weg freizumachen: zu den Schätzen, zu den Kräften und Stärken, die in uns schlummern und die uns helfen können, die täglichen Aufgaben zu meistern. Oft wird es Gewohnheit sein, zunächst Schwierigkeiten und Hindernisse zu sehen. Solche alten Gewohnheiten trüben den Blick. Oft sind es aber auch die mehr oder weniger alltäglichen Widrigkeiten des Lebens, die kleinen und großen Sorgen, die kleinen und großen Katastrophen, die den Weg zu unseren Reichtümern versperren und die Kraftquellen versiegen lassen.

Deshalb ist es wichtig, sich gegen solche Situationen zu wappnen und ein paar Schutzmaßnahmen für die Schatzkiste zu ergreifen. Was Sie tun können, um den Weg zu Ihren Schätzen und Reichtümern freizuhalten, dazu zum Abschluss noch einige Vorschläge.

Beispiel   **Angelas miese Woche**

Angela berichtet mutlos von einer grauen und trüben Woche, in der fast alles schief gelaufen ist, die Arbeit nur zäh voranging, sie Kopfschmerzen von einer leichten Erkältung hatte und zu allem Überfluss auch noch die Heizung in der Wohnung kaputt war. Ich frage sie, wo denn ihre wohlwollende Begleiterin abgeblieben sei, die in den Wochen zuvor recht zuverlässig an Angelas Seite gewesen war. Angela antwortet: »Ich weiß auch nicht so recht, wie es passiert ist. Die Woche fing schon gleich mit der Erkältung an und ich habe mich so elend gefühlt, gar keine Energie gehabt, für mich einzukaufen, und dann war der Montag Abend schon ziemlich trübe, weil ich nichts richtiges zu essen hatte, mir eine warme Mahlzeit fehlte und ich auch sonst nicht wusste, was ich mit mir anfangen sollte. Am Dienstag stand ich dann gleich mit Kopfschmerzen auf und fühlte mich noch einmal mehr gestraft, denn eigentlich hatte mir die Erkältung schon gereicht. Nun war aber im Büro so viel zu tun, dass ich mich nicht getraut habe, wenigstens einen halben Tag frei zu nehmen und mich ins Bett zu legen, sodass ich mich durch den Dienstag und den Mittwoch geschleppt habe. Donnerstag ging es dann irgendwie ein kleines bisschen besser, wenn da nicht dieser blöde Fehler gewesen wäre, den ich bei einem wichtigen Kunden gemacht habe. Der war fürchterlich sauer und hat sich bei meinem Chef beschwert. Anschließend war meine Laune dann auf dem absoluten Nullpunkt. Ich bin gar nicht auf die Idee gekommen, noch nach irgendetwas zu suchen, was für mich positiv hätte sein können.«

Nach meiner Beobachtung ist es von unschätzbarem Wert, ein paar wenige Dinge festzulegen, von denen man weiß, dass sie die eigenen Kräfte schützen oder Kraft geben. Das können unumstößliche Gewohnheiten sein oder feste Termine für Aktivitäten, die es einem Menschen ermöglichen, seine Stärken zu nutzen. Das können aber auch Rituale sein, die, weil sie immer auf dieselbe Art und Weise ablaufen, Sicherheit und Stabilität geben und den Sinn für das Eigene, das ganz Spezifische des eigenen Charakters stärken.

Solche Gewohnheiten oder feste Termine, an die ich denke, das könnte beispielsweise der Montagabend im Chor sein, im Sportverein, beim Kartenspielen. Das Wichtigste an solchen Terminen ist, dass sie den Zugang zu den eigenen Stärken erlauben und so Kraft zurückgeben oder helfen, neue Kraft zu tanken. Ein weiterer Effekt dieser Rituale oder festen Termine ist das Signal, sich selbst wichtig zu nehmen in seiner ganz eigenen Art, mit seinen ganz spezifischen Vorlieben.

Auch dafür gibt es kleine und große Rituale. Als Blumenfreundin fällt mir sofort die Rose in einer bestimmten Vase an einem bestimmten Platz ein. Aber das kann genauso gut eine ganz andere Geste sein, etwa sich jeden Tag eine kleine Zeitspanne zu schenken, einer ganz eigenen, speziellen Beschäftigung nachzugehen. Das kann das sorgfältige Teeritual sein, in völliger Stille, ganz allein für sich gestaltet in einer extra dafür freigehaltenen kleinen Zeitschneise. Das kann auch die Minutenlektüre in einem Meditations- oder Gebetbuch sein. Das kann aber auch, um ein ganz anderes Beispiel zu nennen, die regelmäßige Morgengymnastik oder die Joggingrunde sein, die Sie mit großer Willensstärke jeden Tag vor dem Frühstück drehen.

Kleine Tee-Zeremonie? Oder große Jogging-Runde?

Sie merken, es gibt viele Möglichkeiten. Auch hier gilt wieder, dass das stärkende Ritual für jeden anders ist. Welches Ritual zu welchem Zeitpunkt wie häufig für Sie das richtige ist, das können nur Sie selbst herausfinden. Ein Punkt aber ist dabei immer wichtig. Rituale entfalten ihre Wirkung nur, wenn sie eingehalten werden. Ein Ritual in den Alltag zu pflanzen, das setzt die ernste Absicht und den Energieaufwand voraus, diese Handlung tatsächlich auch auszuführen.

Effizienz, Multitasking, Flexibilität, dazu hohe Leistungserwartungen und zu guter Letzt der eigene Perfektionismus – das nagt an den Energiereserven. Wenn dann noch ungünstige Umstände dazukommen, passiert es schnell, dass der Reservetank leer ist und Erschöpfung sich breit macht. Das ist die Stunde der Zeitdiebe. Sie schwärmen aus und lenken den sowieso schon erschöpften Menschen von Wesentlichem ab: Indem sie ihm Unwesentliches, das leichter zu erledigen ist, vor die Nase halten, indem sie Telefongespräche und andere Absprachen unnötig in die Länge ziehen, indem sie zu Eile mahnen und Flüchtigkeitsfehler provozieren.

Die kleinen Kerlchen sind besonders dann eifrig unterwegs, wenn die Energieampel eigentlich schon auf Rot steht, zumindest aber dunkelgelb ist. Das ist leider nicht nur die Stunde der Zeitdiebe. Sondern es ist auch genau die Situation, in der Kritiker und Faulpelz mit großem Vergnügen auf der Schatzkiste sitzen und abwechselnd das Wort ergreifen.

Die Fallensteller austricksen

Abhilfe gegen solche Fallensteller versprechen nur zwei Schachzüge. Der eine schafft Ruheoasen. Was Sie in diesen Oasen tun, ist wieder eine ganz persönliche Sache. Für den einen bedeutet Kraftschöpfen Sport zu treiben, zu wandern oder Kanu zu fahren, für den anderen genau das Gegenteil, nämlich zu Hause zu sitzen und sich nicht zu bewegen, vielleicht Musik zu hören oder zu lesen. Für den einen kann es der genussvolle Familienausflug sein, für die andere ist es genau der Rückzug in die vollkommene Abgeschiedenheit.

Der andere Schachzug ist ähnlich und doch auch wieder ganz anders. Hier heißt es, ab und zu mal Aktivitäten im Energiesparmodus zu machen, für bestimmte Tätigkeiten einen anderen Gang als den fünften zu wählen, mal langsam den Berg hochzukriechen, statt im Eiltempo den Gipfel zu erstürmen. Damit Sie mich nicht missverstehen: Mir geht es nicht darum, die Langsamkeit zu predigen oder Modisches zum Thema Entschleunigung beizutragen. Mein Anliegen ist einzig, darauf aufmerksam zu machen, dass diese Faktoren, keine Ruhepausen zu haben und damit die Energiereserven zu verbrauchen, zu schnell zu viel leisten zu müssen und sich dabei selbst nicht mehr wahrzunehmen, nicht achtsam sein zu können – dass diese Faktoren dazu beitragen, die eigenen Stärken und Kräfte aus den Augen zu verlieren. Allein darauf beziehen sich meine Anregungen und Vorschläge.

Angela – das Beispiel von eben – hätte in ihrer miesen Woche eine Notbremse gut gebrauchen können. Die Notsignale, die ihr zeigten, dass sie nicht mehr auf ihre Stärken zurückgreifen konnte, hatte sie eigentlich schon bemerkt: Der Körper hat Alarm geschlagen, die Stimmung war im Keller, am liebsten hätte sie sich die Bettdecke über den Kopf gezogen. Es ist gut, für sich solche persönlichen Notsignale zu kennen und dann ein paar Ideen zu haben, was zu tun ist: Einen Nachmittag freizunehmen, um genau das zu tun, wovon Sie wissen, dass Sie dabei Kraft schöpfen und Ihre Stärken wieder spüren können; einen Abend mit einer Beschäftigung zu verbringen, die Ihnen zeigt, wie gut Sie etwas können, statt nur vor dem Fernseher zu sitzen; die Vorstandssitzung im Verein abzusagen und stattdessen den Abend mit der Familie zu verbringen; das Projektpapier nicht unter Hochdruck fertig zu stellen, sondern eine Fristverlängerung durchzusetzen, um Ihre Kenntnisse von der Materie wirklich nutzen zu können.

Möglicherweise verlangt Ihnen das im ersten Moment Anstrengung ab. Die Anstrengung nämlich, die Dinge nicht einfach laufen zu lassen, sondern aktiv eine Entscheidung zu treffen, wie Sie die Situation so ändern, dass Sie wieder Zugang zu Ihren Kraftquellen haben. Je besser Sie dafür sorgen, mit Ihren Energiereserven achtsam umzugehen und immer mal wieder einen Blick in die Schatzkiste zu werfen, umso seltener wird es überhaupt nötig sein, die Notbremse zu ziehen. Je sicherer Sie energiespendende Rituale in Ihren Alltag eingebaut haben, umso seltener müssen Sie überhaupt Kraft aufwenden, den Energiesparmodus zu wählen. Vor allem – so bleibt der Weg zu Ihrer ganz persönlichen Schatzkiste frei.

Was Sie selbst tun können

Vorschlag 1 **Die Schatzkiste füllen**
Um die eigene, ganz persönliche Schatzkisten zu füllen, gibt es verschiedene Wege. Für manche Menschen ist der eine gut und ausreichend, andere wiederum sind am erfolgreichsten, wenn sie verschiedene Wege beschreiten. Finden Sie für sich heraus, wie Sie am weitesten mit Ihrer Schatzsuche kommen. Auf jeden Fall benötigen Sie eine Weile Zeit, um sich damit zu beschäftigen, vielleicht auch verteilt über mehrere Tage in kleineren Portionen. Und dann brauchen Sie noch Mut, den Mut nämlich, die Hemmung zu überwinden, sich mit den eigenen Stärken zu beschäftigen. Manchmal verbietet einem das die eigene Bescheidenheit, und manchmal will einem zunächst einmal gar nichts einfallen. Haben Sie Mut und Geduld mit sich, auch wenn die Pfade steinig sind – die Mühe lohnt sich.

Nehmen Sie die Aufzählung aus dem Text zu Hilfe (1. Eigenschaften, *Weg 1*
Merkmale; 2. Haltungen, Einstellungen; 3. Fähigkeiten; 4. Wissen und
Kenntnisse; 5. Erfahrungen) oder orientieren Sie sich an den Charakterstärken und Tugenden von M. Seligman (I. Weisheit, Wissen; II. Mut;
III. Humanitas und Liebe; IV. Gerechtigkeit; V. Mäßigung; VI. Trans-
zendenz) und gehen Sie bei jedem Punkt durch: Was davon ist bei mir
besonders stark ausgeprägt? Was ist für mich besonders charakteris-
tisch? Was davon habe ich, wovon ich besonders profitiere? Was
mich besonders auszeichnet, worauf ich besonders oft zurückgreifen
kann? Scheuen Sie sich nicht, alles sorgfältig aufzuschreiben, selbst
wenn Ihnen die Liste dann überraschend lang erscheint.

Wenn Sie Anregungen für die einzelnen Punkte suchen, finden Sie in
dem Buch von Seligman für jede Charakterstärke ausformulierte
Fragen, die Sie wie einen Test beantworten können.

Wenn Sie für sich eine Liste Ihrer Stärken gemacht haben, wählen Sie
daraus diejenigen aus, die für Sie am allerwichtigsten sind, und mar-
kieren diese noch einmal besonders. Wenn Sie nun den Schritt gehen
wollen, Symbole dafür in Ihre Schatzkiste zu packen, dann wählen
Sie für jede markierte Stärke etwas aus, das Ihnen geeignet erscheint,
Sie an genau diese Stärke zu erinnern (die Postkarte mit dem Del-
phin für Ihre Freude am Wasser und Ihr großes Schwimmtalent; der
kleine Schraubenzieher für Ihr Geschick, zu reparieren und zu impro-
visieren; das Stück Bergseil für Ihre Durchhaltekraft ...).

Laden Sie Ihren besten Freund oder Ihre beste Freundin ein (oder *Weg 2*
eine andere Person, der Sie vertrauen und von der Sie sicher sind,
dass Sie Ihnen großes Wohlwollen entgegenbringt) und unterhalten
Sie sich über Stärken und Tugenden, über Lebenserfahrungen und
das Meistern von schwierigen Situationen. Notieren Sie für sich und,
wenn Ihr Freund oder Ihre Freundin mag, auch für Ihren Gesprächspartner die wichtigsten Ergebnisse Ihres Gesprächs. Um die Schatzkiste zu packen, gehen Sie vor, wie es bei Weg 1 beschrieben ist.

Stöbern Sie in den Aufzeichnungen, die Ihr wohlwollender Begleiter *Weg 3*
oder Ihre wohlwollende Begleiterin für Sie gemacht hat. Sie werden
dort jede Menge Hinweise auf Ihre Stärken und Kraftquellen finden.
Dann gehen Sie vor wie oben beschrieben.

Vorschlag 2

Die eigenen Lebenserfahrungen wertschätzen

Es gibt noch einen anderen Zugang zu den eigenen Stärken und Kraftquellen. Auch dafür ist wieder eine Weile Zeit erforderlich und ein wenig Reiselust. Machen Sie eine Zeitreise in die Vergangenheit. Schließen Sie, wenn Sie diesen Abschnitt fertig gelesen haben, die Augen und versuchen Sie sich zu erinnern: Welchen schwierigen Situationen bin ich in meinem Leben bisher begegnet? Wie habe ich die bewältigt, gemeistert oder auch durchgestanden? Welche Eigenschaften, welches Wissen, welche Fähigkeiten haben mir dabei geholfen? Worauf konnte ich mich stützen, worauf konnte ich zurückgreifen? Lassen Sie vor Ihrem inneren Auge die Erfahrungen lebendig werden, die Sie beim Bewältigen oder Durchstehen schwieriger Situationen gemacht haben, und machen Sie sich anschließend Notizen dazu. Beim Füllen Ihrer Schatzkiste gehen Sie auch diesmal vor wie oben beschrieben.

Vorschlag 3

Ein Schatzkisten-Ritual festlegen

Legen Sie Ihr persönliches Ritual fest, das Ihnen den Weg zu Ihren persönlichen Stärken sichert. Das kann jeden Tag ein kleines Ritual sein, etwa fünf Minuten Stille oder Meditation, es kann aber auch jede Woche ein etwas Größeres sein. Entscheidend ist, dass es Ihnen Energie und Kraft spendet. Es gibt auch Rituale für bestimmte Situationen oder Aktivitäten wie zum Beispiel eine kleine Tee-Zeremonie jeden Tag oder die Viertelstunde Kaffeeglück, die kleine Kekspause. Das Wichtigste daran ist, dass dieses Ritual sicher und verlässlich ist und die Aufmerksamkeit empfängt, die ein Ritual verdient. Quetschen Sie es also nicht »mal eben schnell« zwischen zwei Termine, sonst verliert das Ritual seine Wirksamkeit. Und vor allem – achten Sie darauf, dass keine Zeitdiebe dazwischenkommen.

Vorschlag 4

Energie-Tankstellen einrichten

Überprüfen Sie regelmäßig Ihre Energiereserven und legen Sie kleine und große Energie-Tankstellen fest. Solche Tankstellen stehen meist in Ruheoasen, die einem Menschen erlauben, Kraft zu schöpfen. (Was nicht bedeutet, dass dort nur »geruht« wird! Im Gegenteil, oft genug ist das Kraftschöpfen am wirkungsvollsten mit aktivem Tun verbunden.) Machen Sie sich eine kleine Liste mit Ihren persönlichen Energie-Tankstellen. Versichern Sie sich selbst, dass Sie diese Tankstellen auch wirklich anfahren. Bedenken Sie dabei, dass ein großer Energiespender die Erfahrung der eigenen Stärken sein kann, das heißt, Sie sollten Sorge tragen, dass Sie an diesen Tankstellen auch wirklich Gelegenheit haben, Ihre Stärken zu nutzen.

Energie sparen Vorschlag 5

Überlegen Sie, was Sie immer mal wieder im Energiesparmodus erledigen können. Dafür eignen sich besonders die alltäglichen Kleinigkeiten, bei denen man immer wieder versucht, durch Hochdruck Zeit zu sparen: den Weg in die Stadt oder zur Arbeit zurücklegen, einkaufen, bügeln, Akten oder Papiere sortieren, das Auto reinigen oder das Fahrrad putzen … Wählen Sie aus, mit welchen Aktivitäten Sie experimentieren wollen. Und achten Sie dann darauf, dass Sie dabei wirklich im Energiesparmodus bleiben und nicht unbemerkt in Ihre alte Geschwindigkeit zurückfallen.

Die Notbremse ziehen Vorschlag 6

Definieren Sie Ihre persönlichen Notsignale (miese Stimmung, Streitlaune, Gefühle von Überdruss, Leeregefühl, Heißhunger…) für Ihre persönlichen brenzligen Situationen (zu viel Arbeit, zu viele Termine, zu viele Verabredungen, zu wenig Schlaf, zu wenig Pausen…). Erfahrungsgemäß fällt einem dann, wenn man die Notbremse besonders dringend benötigt, nichts ein, was sich dafür eignen würde. Deshalb ist es sehr hilfreich, Sie legen eine Liste Ihrer ganz persönlichen Notbremse-Maßnahmen an, auf die Sie zurückgreifen können, wenn es brenzlig wird.

Wenn Sie gern mehr zu diesem Thema lesen möchten

Mihaly Csikszentmihalyi: Flow im Beruf. Das Geheimnis des Glücks am Arbeitsplatz. Stuttgart: Klett-Cotta, 2004.

François Lelord: Hectors Reise oder die Suche nach dem Glück. 30. Auflage. München: Piper, 2005.

Danke!

Es ist ein kostbares Geschenk, miterleben zu können, wie Menschen wachsen, stärker und zuversichtlicher werden und sich und dem Leben mehr und mehr Vertrauen entgegenbringen. Während ich an diesem Buch schrieb, habe ich oft stille Zwiesprache gehalten mit den vielen Menschen, denen ich in den vergangenen Jahren durch mein Lieblingsthema begegnet bin. Das sind zuallererst Patientinnen und Patienten. Ihnen allen fühle ich mich dankbar verbunden für das Vertrauen, mich teilhaben zu lassen an ihrem Leben, ihren Erlebnissen und Erfahrungen.

Dr. Christine Treml bin ich einmal mehr dankbar, dass sie mir dieses Projekt beharrlich und unbeirrbar zugetraut und mich in ihrer unvergleichlichen Art begleitet hat.

Kolleginnen und Kollegen, Freunde und Freundinnen und nicht zuletzt die Menschen, mit denen ich mein Leben teile, haben mich liebevoll begleitet und auf manchem steinigen Wegstück ermutigt und unterstützt: Danke Katrin und Patrick, Bernd und Ute, Szuzie und Irm, jederzeit umwerfend, unvergleichlich und unübertroffen – Uli!

Kein Staub ist aufgewühlt,
und still ist mein Herz.

Sen-No Rikyu

Literatur

Auhagen, A. E. (Hrsg.) (2004). *Positive Psychologie. Anleitung zum »besseren Leben«.* Weinheim: Beltz.

Buber, M. (2003). *Die Erzählungen der Chassidim.* Zürich: Manesse.

Buchheld, N. & Walach, H. (2004). Die historischen Wurzeln der Achtsamkeitsmeditation. Ein Exkurs in Buddhismus und christliche Mystik. In Th. Heidenreich & J. Michalak (Hrsg.), *Achtsamkeit und Akzeptanz in der Psychotherapie. Ein Handbuch.* Tübingen dgvt-Verlag.

Csikszentmihalyi, M. (2004). *Flow im Beruf. Das Geheimnis des Glücks am Arbeitsplatz.* Stuttgart: Klett-Cotta.

Feldenkrais, M. (1996). *Bewusstheit durch Bewegung.* Frankfurt: Suhrkamp.

Feldenkrais, M. (1987). *Die Entdeckung des Selbstverständlichen.* Frankfurt: Suhrkamp.

Freud, S. (1923). Das Ich und das Es. In S. Freud, *Gesammelte Werke.* Bd. 13. 10. Auflage (1998). Frankfurt: S. Fischer.

Hayes, S. C., Follette, V. M. & Linehan, M. M. (Eds.) (2004). *Mindfulness and acceptance. Expanding the cognitive-behavioral tradition.* New York: Guildford Press.

Heidenreich, Th. & Michalak, J. (Hrsg.) (2004). *Achtsamkeit und Akzeptanz in der Psychotherapie. Ein Handbuch.* Tübingen: dgvt-Verlag.

Heidenreich, Th. & Michalak, J. (Hrsg.) (2003). Achtsamkeit (»Mindfulness«) als Therapieprinzip in Verhaltenstherapie und Verhaltensmedizin. *Verhaltenstherapie, 13,* 264–274.

Hofmann, C. (2002). *Achtsamkeit. Anleitung für ein sinnvolles Leben.* Stuttgart: Klett-Cotta.

Hinsch, R. & Pfingsten, U. (Hrsg.) (2002). *Gruppentraining sozialer Kompetenzen (GSK).* 4., völlig neu bearb. Auflage. Weinheim: PVU.

Hinsch, R. & Wittmann, S. (2003). *Soziale Kompetenz kann man lernen.* Weinheim: Beltz.

Hügli, A. & Lübcke, P. (Hrsg.) (1991). *Philosophielexikon. Personen und Begriffe der abendländischen Philosophie von der Antike bis zur Gegenwart.* Reinbek bei Hamburg: rororo.

James, W. (1892). *Psychology: The briefer course*. New York: Holt.

James, W. (1890). *Principles of psychology*. New York: Holt.

Kanfer, F. H., Reinecker, H. & Schmelzer, D. (2000). *Selbstmanagement-Therapie*. 3. Auflage. Heidelberg: Springer.

Kanning, U. P. (2000). *Selbstwertmanagement. Die Psychologie des selbstwertdienlichen Verhaltens*. Göttingen: Hogrefe.

Kanning, U. P. (1997). *Selbstwertdienliches Verhalten und soziale Konflikte*. Münster: Waxmann.

Kast, V. (2004). *Trotz allem Ich. Gefühle des Selbstwerts und die Erfahrung von Identität*. Freiburg: Herder.

Kehr, H. M. (2002). *Souveränes Selbstmanagement. Ein wirksames Konzept zur Förderung von Motivation und Willensstärke*. Weinheim: Beltz.

Klinkenberg, N. (2000). *Feldenkrais-Pädagogik und Körperverhaltenstherapie*. Stuttgart: Klett-Cotta.

Kohut, H. (2002). *Narzißmus*. Frankfurt: Suhrkamp.

Lelord, F. & André, Ch. (2005). *Die Kunst der Selbstachtung*. 3. Auflage. Leipzig: Gustav Kiepenheuer Verlag.

Lohmann, H.-M. (2002). *Sigmund Freud zur Einführung*. 5. Auflage. Hamburg: Junius.

Louden, J. (2005). *Tut euch gut! Das Wohlfühlbuch für Paare*. München: Goldmann.

Louden, J. (2004). *Tu dir gut! Das Wohlfühlbuch für Frauen*. München: Goldmann.

Nadolny, S. (1987). *Die Entdeckung der Langsamkeit*. München: Piper.

Paulitsch, K. (2005). Narzissmus. In S. Jordan & G. Wendt (Hrsg.), *Lexikon Psychologie. Hundert Grundbegriffe*. Stuttgart: Reclam.

Peterson, Ch. & Seligman, M. E. P. (2004). *Character Strengths and Virtues. A Handbook and Classification*. Oxford: APA, Oxford University Press.

Potreck-Rose, F. & Jacob, G. (2006). *Selbstzuwendung, Selbstakzeptanz und Selbstvertrauen. Psychotherapeutische Interventionen zum Aufbau von Selbstwertgefühl*. 3. Auflage. Stuttgart: Klett-Cotta.

Reddemann, L. (2004). *Eine Reise von 1000 Meilen beginnt mit dem ersten Schritt. Seelische Kräfte entwickeln und fördern*. Freiburg: Herder.

Reddemann, L. (2002). *Imagination als heilsame Kraft. Zur Behandlung von Traumafolgen mit ressourcenorientierten Verfahren*. Stuttgart: Klett-Cotta.

Renger, A.-B. (Hrsg.) (1999). *Mythos Narziß. Texte von Ovid bis Jacques Lacan*. Leipzig: Reclam.

Rückert, H.-W. (2002). *Schluss mit dem ewigen Aufschieben. Wie Sie umsetzen, was Sie sich vornehmen*. 5. Auflage. Frankfurt: Campus.

Schandry, R. (2003). *Biologische Psychologie. Ein Lehrbuch*. Weinheim: Beltz.

Schmid, W. (2004). *Mit sich selbst befreundet sein. Von der Lebenskunst im Umgang mit sich selbst*. Frankfurt: Suhrkamp.

Schütz, A. (2005). *Selbstwertgefühl – je mehr, desto besser? Licht und Schatten positiver Selbstbewertung*. Weinheim: Beltz PVU.

Schütz, A. (2000). *Psychologie des Selbstwertgefühls. Von Selbstakzeptanz bis Arroganz*. Stuttgart: Kohlhammer.

Seligman, M. E. P. (2005). *Der Glücks-Faktor. Warum Optimisten länger leben*. Bergisch Gladbach: Bastei Lübbe.

Solé-Leris, A. (1994). *Die Meditation, die der Buddha selber lehrte: wie man Ruhe und Klarblick gewinnen kann*. Freiburg: Herder.

Tarr Krüger, I. (1998). *Vom leichten Glück der einfachen Dinge. Kleine Freuden – große Wirkung*. Freiburg: Herder.

Thich, N. H. (1999). *Das Wunder der Achtsamkeit. Einführung in die Meditation*. 9. Auflage. Zürich: Theseus.

Thich, N. H. (1992). *Ich pflanze ein Lächeln. Der Weg der Achtsamkeit*. 7. Auflage. München: Goldmann.

Ullrich, R. & de Muynck, R. (2003). *ATP 2: Einübung von Selbstvertrauen – Grundkurs*. 7. Auflage. Stuttgart: Klett-Cotta.

Ullrich, R. & de Muynck, R. (2002). *ATP: Anleitung für den Therapeuten. Einübung von Selbstvertrauen und sozialer Kompetenz*. 2. Auflage. Stuttgart: Klett-Cotta.

Ullrich, R. & de Muynck, R. (2001). *ATP 1: Einübung von Selbstvertrauen – Bedingungen und Formen sozialer Schwierigkeiten*. 8. Auflage. Stuttgart: Klett-Cotta.

Ullrich, R. & de Muynck, R. (1998). *ATP 3: Einübung von Selbstvertrauen und kommunikative Problemlösung – Anwendung in Freundeskreis, Arbeit und Familie*. 6., überarb. u. erw. Auflage. Stuttgart: Klett-Cotta.

Kontaktadresse:
Priv.-Doz. Dr. Friederike Potreck-Rose
Schlierbergstraße 6a
D-79100 Freiburg
post@potreck-rose.de
www.potreck-rose.de

Luise Reddemann:
Überlebenskunst
Unter Mitarbeit von Peer Abilgaard
Klett-Cotta Leben!
160 Seiten, Klappenbroschur mit CD (Laufzeit ca. 45 Minuten)
ISBN 978-3-608-86002-3
Seelische Verletzungen können heilen: durch die Aktivierung
von Selbstheilungskräften, die jeder Mensch mehr oder
weniger verschüttet in sich trägt. Luise Reddemann hat in ihrer
psychotherapeutischen Arbeit mit traumatisierten Patienten und in
ihren Büchern immer wieder die individuelle Suche nach Ressourcen
angeregt und damit viele Menschen mit schwer erträglichen
Lebensgeschichten erreicht.
In diesem Buch geht es um Ressourcen, seelische Widerstandsfähigkeit
und Selbstheilungskräfte. Im Zentrum steht die Frage, was wir aus
den Biographien kreativer Menschen, Künstler – vor allem aus dem
Leben von Johann Sebastian Bach – darüber lernen können.

Brigitte Holzinger:
Anleitung zum Träumen
Träume kreativ nutzen
Klett-Cotta Leben!
160 Seiten, Klappenbroschur, ISBN 978-3-608-86008-5
Jeder Mensch träumt Nacht für Nacht. Meist wissen wir nach
dem Aufwachen von gar nichts, allenfalls bleibt eine besondere
Stimmung zurück oder einzelne flüchtige Bilder. Doch unsere
Träume sind kostbar: sie bereichern unser Tag-Leben, wenn
wir sie ernst nehmen und uns um sie bemühen. Oft weiß unser
Unbewusstes besser als unser bewusstes Denken, was uns gut tut
oder was uns fehlt.
Anregende Beispiele erläutern die Traumarbeit, die unsere Kreativität
und Intuition stärken kann. Wissenswertes über den Umgang mit
Träumen in früheren und in fremden Kulturen und Informationen aus
der Schlaf- und Traumforschung runden das kreative Traumbuch ab.

Klett-Cotta Leben!

Dagmar Ruhwandl:
Erfolgreich ohne auszubrennen
Das Burnout-Buch für Frauen
Klett-Cotta Leben!
130 Seiten, Klappenbroschur, ISBN 978-3-608-86007-8

Karriere, Kinder, Küche: Die drei »K« führen nicht selten zu
Überforderung und Ausbrennen.
Dagmar Ruhwandl – Ärztin, Burnout-Spezialistin und Mutter –
weiß, wovon sie spricht. Der Wunsch, trotz Mehrfachbelastung
beruflich weiterzukommen, führt viele Menschen in ihre Praxis und
ihre Seminare. Von ihrem Anti-Burnout-Konzept können nun auch
Leserinnen profitieren, die keine Beratung oder Therapie aufsuchen
und trotzdem wirksam vorbeugen wollen.
Fragebögen, Checklisten, Übungen, Tipps und viele Beispiele aus der
Praxis helfen dabei, eigene Wege aus der Burnout-Falle zu finden.

Andrea Brackmann:
Ganz normal hochbegabt
Leben als hochbegabter Erwachsener
Klett-Cotta Leben!
168 Seiten, Klappenbroschur, ISBN 978-3-608-86006-1

Als hochbegabter Mensch durchs Leben zu gehen könnte so
schön sein: Schule und Studium stellen kein Problem dar, der
gesellschaftliche Aufstieg ist gesichert... Doch für viele hochbegabte
Erwachsene sieht die Wirklichkeit etwas anders aus. Sie wissen
nicht sicher um ihre besondere Begabung, wurden nie gefördert und
fühlen sich diffus unzufrieden. Freundschaften und soziale Kontakte
gestalten sich mitunter schwierig.
Die Psychotherapeutin Andrea Brackmann kommentiert kundig, hebt
Typisches hervor, gibt Hilfestellungen für den Alltag und informiert
über alles Wissenswerte rund um das Thema Hochbegabung.

Klett-Cotta Leben!

Hanne Seemann:
Selbst-Herrlichkeits-Training für Frauen
... und schüchterne Männer
Klett-Cotta Leben!
93 Seiten, Klappenbroschur, mit CD (Laufzeit ca. 40 Minuten)
ISBN 978-3-608-86001-6
Viele Frauen haben beruflich und privat Probleme, sich selbst
authentisch und überzeugend zu präsentieren. Ihnen – und auch so
manchem Mann – ist es höchst unangenehm, vor Publikum zu sprechen,
Aufmerksamkeit auf sich zu lenken, im Mittelpunkt zu stehen.
Die Autorin hat in zahlreichen Workshops ein »Selbst-Herrlichkeits-
Training« entwickelt: wirkungsvolle Körperübungen, die zum Teil mit
suggestiver Musik ausgeführt werden.
Da unser Körper über ein gutes »Gedächtnis« verfügt, können wir die
in den Übungen gemachten Erfahrungen speichern und bei passender
Gelegenheit verfügbar haben. Wir können Schüchternheit überwinden!

Roland Weber:
Wenn die Liebe Hilfe braucht
Das Partnerschaftsbuch mit Tests und Übungen
Klett-Cotta Leben!
157 Seiten, Klappenbroschur, ISBN 978-3-608-86009-2
Sollen wir noch zusammenbleiben? Vor dieser – oft quälenden –
Frage stehen viele Paare, die nach dem Höhenflug der Verliebtheit
hart im Beziehungsalltag gelandet sind oder sich dort über die Jahre
bei schwindender Leidenschaft eingerichtet haben.
Roland Weber, langjähriger Paartherapeut, kennt die klassischen
Stolpersteine und Beziehungskiller. In diesem Buch unterstützt er
Menschen in Partnerschaftskrisen dabei, die eigene Beziehung zu
erforschen:
Fragebögen, Übungen und Beispiele helfen beim ehrlichen
Partnerschaftscheck.

Klett-Cotta Leben!